GUE OLIVEIRA

Além da capa

Ao abrir este livro, prepare-se para uma experiência única que entrelaça histórias e revela as camadas que moldaram sua essência, convidando a explorar as nuances do seu passado e a refletir sobre quem você foi e quem ainda pode se tornar.

CB004925

Diretora
Rosely Boschini

Gerente Editorial Sênior
Rosângela de Araujo Pinheiro Barbosa

Editora
Natália Domene Alcaide

Assistente Editorial
Mariá Moritz Tomazoni

Produção Gráfica
Leandro Kulaif

Edição de Texto
Gleice Couto

Capa
Gabriel Goulart Gonzalez

Projeto Gráfico
Márcia Matos

Diagramação e Adaptação
Renata Zucchini

Revisão
Marina Montrezol

Impressão
Plena Print

CARO(A) LEITOR(A),
Queremos saber sua opinião sobre nossos livros.
Após a leitura, siga-nos no **linkedin.com/company/editora-gente**, no TikTok **@editoragente** e no Instagram **@editoragente**, e visite-nos no site **www.editoragente.com.br**.
Cadastre-se e contribua com sugestões, críticas ou elogios.

Copyright © 2024 by Gue Oliveira
Todos os direitos desta edição são reservados à Editora Gente.
R. Dep. Lacerda Franco, 300 - Pinheiros
São Paulo, SP - CEP 05418-000
Telefone: (11) 3670-2500
Site: www.editoragente.com.br
E-mail: gente@editoragente.com.br

Dados Internacionais de Catalogação na Publicação (CIP)
Angélica Ilacqua CRB-8/7057

Oliveira, Gue
  Além da capa: ao abrir este livro, prepare-se para uma experiência única que entrelaça histórias e revela as camadas que moldaram sua essência, convidando a explorar as nuances do seu passado e a refletir sobre quem você foi e quem ainda pode se tornar. / Gue Oliveira. - São Paulo : Editora Gente, 2024.
  192 p.

ISBN 978-65-5544-572-5

1. Desenvolvimento pessoal 2. Autoconhecimento 3. Sucesso I. Título

24-5037   CDD 158.1

Índices para catálogo sistemático:
1. Desenvolvimento pessoal

NOTA DA PUBLISHER

Muitos de nós carregamos histórias não contadas, emoções escondidas e sonhos deixados para trás, o que nos distancia cada vez mais de nossa verdadeira essência. Vivemos em uma era de exposição constante e pressão por resultados rápidos, e o autoconhecimento e a reflexão pessoal são frequentemente deixados de lado. Em um mundo no qual somos constantemente incentivados a usar máscaras e seguir padrões, a obra de Gue Oliveira nos desafia a retirar essas camadas e confrontar quem realmente somos.

Com uma trajetória de vida inspiradora, Gue traz à tona toda sua experiência pessoal de superação e ressignificação, e, a partir dela, nos transmite sua preocupação e o cuidado com o outro. A autora é um grande exemplo de autenticidade, e apresenta nessas linhas a coragem necessária para abraçar a vulnerabilidade e transformar dificuldades em força. *Além da capa* é um convite para que o leitor vá além das aparências, além das narrativas superficiais que construímos para os outros e, às vezes, até para nós mesmos, e lembra-nos que apenas ao olharmos para dentro e enfrentarmos nossas sombras conseguiremos criar uma vida autêntica e significativa.

Neste livro, você encontrará muito mais do que palavras: encontrará um espelho para sua própria jornada. Convido você a se despir de suas armaduras e embarcar nessa jornada de autodescoberta. *Além da capa* é o chamado de que você precisa para se reconectar com seu verdadeiro eu e moldar o futuro que deseja. Não tenha medo de descobrir quem você realmente é!

ROSELY BOSCHINI
CEO e Publisher da Editora Gente

*Este livro é dedicado a Maria,
minha mãe, por seu amor incondicional
e por nunca ter desistido de mim.
Sem ela, eu jamais seria quem sou,
e é por sua influência que continuo a jornada
de me tornar uma pessoa melhor a cada dia.
Seus ensinamentos sobre o olhar ao próximo
me guiam em meu propósito de vida.*

AGRADECIMENTOS

Agradeço sinceramente a todos que me trouxeram até aqui, com seu carinho, apoio e crença em meu potencial, tornando cada passo nesta jornada pelo desconhecido possível.

Aos meus clientes e contratantes, que transformaram uma desconhecida em alguém que começou a acreditar em si mesma: vocês foram fundamentais para minha evolução e sucesso, e sou eternamente grata por cada oportunidade.

À minha equipe, que cresce a cada dia, sempre engajada em buscar o melhor e a nunca se contentar com o básico. O comprometimento e a paixão que vocês trazem ao nosso trabalho são inspiradores e me motivam a seguir em frente.

À minha família, que é meu porto seguro. Vocês são fundamentais para que eu nunca me perca no processo. É para onde vou quando quero resgatar minha criança.

Agradeço à Editora Gente, especialmente à Rosely, por tornar esta obra, escrita em apenas quinze dias, rapidamente acessível a vocês, leitores, fãs, seguidores e curiosos.

Aos meus seguidores e fãs, que a cada dia demonstram o quanto nossa comunidade é forte e unida: vocês são a razão pela qual continuo a me esforçar e a buscar a excelência.

Aos meus terapeutas, que ao longo da vida me oferecem ferramentas de autoconhecimento. Suas orientações têm sido cruciais para meu crescimento pessoal e emocional.

À Dani, minha noiva, que me ouviu chorar por muitas noites, enquanto eu duvidava da minha capacidade de realizar tudo o que fiz e estou fazendo. Sem você, nada disso seria possível.

Por fim, agradeço a Deus pela oportunidade de viver em constante evolução, em busca de mim mesma a cada dia. É essa busca que me mantém motivada e grata por cada experiência que a vida me oferece.

SUMÁRIO

Introdução   8

Capítulo 1 – Resgatando a criança interior   14

Capítulo 2 – A decisão   26

Capítulo 3 – Zona de desconforto   42

Capítulo 4 – Líquido inflamável   56

Capítulo 5 – Autodestrutiva   68

Capítulo 6 – Luz e sombra   82

Capítulo 7 – Coloque a máscara de despressurização   102

Capítulo 8 – Sessão de terapia   122

Capítulo 9 – Se a oportunidade chegar, você está preparado?   146

Capítulo 10 – Este não é o capítulo mais importante, recomece   176

INTRODUÇÃO

QUEM VOCÊ ESPERA ENCONTRAR DEPOIS QUE EU PUXAR A SUA CAPA?

> "Quem olha para fora sonha,
> quem olha para dentro acorda."
> CARL JUNG[1]

Caro leitor, cara leitora, quem você espera encontrar quando eu puxar a sua capa? Ao abrir este livro, você se prepara para uma experiência única, na qual as histórias se entrelaçam e o tempo se torna um aliado. Como autora desta obra, o meu desejo é guiá-lo por entre as curvas da sua própria história, revelando as camadas que moldaram quem você era e quem se tornou.

Neste espaço, convido você a explorar as nuances do que foi e do que é. Aqui, o passado não é apenas um registro distante, ele vive em cada escolha, em cada sonho que você abraçou ou deixou escapar. Juntos, iremos desvelar a história por trás da capa: os sorrisos, as lágrimas, os desafios e as vitórias que moldaram sua essência.

Prepare-se para mergulhar em um diálogo profundo com você mesmo. Enxergue este livro como um portal, uma oportunidade de refletir sobre quem você sempre foi e quem ainda pode se tornar. Espero que, ao longo da leitura, você encontre não apenas as palavras, mas também as verdades que ressoam

---

[1] JUNG, C. G. *Letters, Volume 1: 1906 – 1950*. New York: Taylor & Francis Group, 2015, p. 33.

dentro de você. Então, respire fundo, abra seu coração e deixe-se levar por esta narrativa que, embora escrita por mim, tem a essência cravada em você.

A verdade é que as pessoas vão criticar o que você está fazendo. E isso é inevitável. Você já entendeu que fazer mais do mesmo não vai te tornar mais reconhecido, certo? O que os outros estão fazendo que você ainda não está? Se tornar alguém confiante, reconhecido, que defende a marca pessoal e que é admirado pelos amigos, familiares, conhecidos e clientes. SIM! O que eu vou falar é para você. Com 23 anos, eu me mudei de Florianópolis para o Rio de Janeiro com algumas panelas velhas, mil reais no bolso e um sonho de transformar minha vida.

Quando comecei, eu não era conhecida, não estava em um lugar renomado e precisava apenas sobreviver. A cada dia, enfrentava desafios, dúvidas e a pressão de um novo ambiente. Mas essa foi a minha motivação para crescer. A próxima decisão era saber como construir uma carreira em um lugar desconhecido, cercada por pessoas desconhecidas, e encontrar um objetivo claro que me permitisse finalmente sair do ponto de partida e brilhar em meio à concorrência. Concorrência?

Lembre-se: a grandeza não vem da zona de conforto. Ela nasce da coragem de se arriscar, de se reinventar e de lutar pelo que realmente deseja. Cada passo que você dá em direção ao seu sonho é uma afirmação de que você pode mais e que a sua voz merece ser ouvida.

O EMPREENDIMENTO VOCÊ S.A.

Meu nome é Gue Oliveira e, em um determinado momento da minha vida, tomei uma decisão ousada: cancelei todos os meus contratos com outras marcas e decidi me tornar a minha própria marca. E agora vou te mostrar como essa transformação aconteceu.

A primeira e mais crucial mudança para se tornar a sua própria marca é transformar a sua mentalidade. Você provavelmente já pensou em desistir inúmeras vezes, e isso é normal. Mas calma!

Aqui estão alguns princípios poderosos: quando eu falar sobre ser sua própria marca, olhe-se no espelho e reconheça o maior empreendimento da sua vida: VOCÊ MESMO! Empreenda em si porque o seu negócio é você.

Você é a sua marca! Não é necessário ter um espaço físico para empreender, o que conta é a sua disposição de investir em si mesmo.

O segundo princípio é que você pode mudar o percurso sempre que necessário. Lembre-se de que, assim como em um GPS, a rota pode ser alterada quantas vezes quiser. Mas mantenha o foco aonde quer chegar, a clareza de seus objetivos é fundamental.

Entenda: nem todos vão acreditar na sua visão quando decidir empreender. E, mesmo assim, você precisará de pessoas ao seu lado que compartilhem da sua jornada. Se eu não tivesse mudado a minha mentalidade, estaria presa em Florianópolis, fazendo faxina, vendendo sorvetes em máquinas de rua durante a alta temporada ou trabalhando no caixa de um restaurante. Estou compartilhando isso porque eu fui essa pessoa. E não há nada de errado com isso, desde que seja o que você deseja. Mas eu sabia, desde muito nova, que esse não era o meu caminho. O meu destino seria outro!

Vou compartilhar aqui muitas das minhas experiências, e não se surpreenda se, por acaso, você se encontrar em uma das minhas páginas. Por que estou te contando tudo isso? Porque vamos mergulhar em histórias, e a sua pode estar entre estas folhas. Se, em algum momento, eu já ouvi a sua história, sem dúvida ela me impactou – e, assim, pode ter tocado a vida de milhares de pessoas.

Descobri, com cada um que cruzou o meu caminho, o poder transformador das histórias. Hoje alcanço diariamente milhares de pessoas por meio delas, e não poderia deixar de registrá-las nesta obra.

Agora é a sua vez. Agarre suas ambições com força e faça delas a sua realidade. Mas, antes de embarcar nessa jornada, feche os olhos e visualize quem você deseja encontrar ao virar a última página do livro.

Na próxima página, descreva quem você é hoje. Quais são os seus desafios? Quais lutas enfrentou até aqui? E, o mais importante, quem você deseja se tornar? Quais sonhos ainda estão por vir? Quais são as metas que você quer alcançar? E, acima de tudo, que versão mais autêntica de si mesmo você deseja revelar ao mundo?

Esta é a sua história, a sua jornada. Cada palavra que você escrever é um passo em direção ao futuro que sempre quis. O mundo está esperando por você! Vamos juntos nessa transformação!

Quem sou eu hoje?

Escreva uma descrição honesta. Quais são suas qualidades? O que você ama em si mesmo? Quais são os desafios que você enfrenta no dia a dia? Não tenha medo de ser sincero. Este é um espaço seguro para reconhecer suas lutas e vitórias.

....
....
....
....
....
....

A jornada até aqui

Pense nas experiências que moldaram quem você é. Quais momentos foram decisivos? Quais aprendizados você tirou das dificuldades? As cicatrizes que você carrega são parte da sua história e o tornam um ser humano único.

....
....
....
....
....
....

O que eu desejo?

Agora olhe para o futuro. Quais são os três principais objetivos que você gostaria de alcançar nos próximos meses ou anos? Eles podem ser grandes ou pequenos, desde mudanças na carreira até transformações pessoais. Escreva-os com clareza.

....
....
....
....
....
....

O que me impede?

Identifique os obstáculos que podem estar no seu caminho. São medos, inseguranças ou crenças limitantes? Reconhecer o que te impede é o primeiro passo para superá-los.

....
....
....
....
....
....

O meu compromisso comigo mesmo

Por fim, escreva uma afirmação poderosa. Uma promessa que você faz a si mesmo. Pode ser algo como: "Estou comprometido em buscar meus sonhos" ou "Eu mereço ser a melhor versão de mim mesmo". Deixe essa afirmação te guiar todos os dias.

....
....
....
....
....

Agarre suas ambições com força e faça delas a sua realidade.

ALÉM DA CAPA
@gueoliveira

CAPÍTULO 1

RESGATANDO A CRIANÇA INTERIOR

> *"A busca pela criança interior é como abrir um baú empoeirado de memórias, onde cada objeto revela histórias e lições do passado. Essa jornada é a inocência que muitas vezes perdemos ao longo da vida."*

Era a véspera de Natal de 1996. A árvore já estava enfeitada, e quase não conseguia ver o verde dela. Bolas vermelhas e enfeites coloridos a deixavam ainda mais linda. Aos pés da árvore, estava o menino Jesus no presépio, com uma barba-de-velho que eu e minha irmã havíamos pegado daquelas árvores gigantes, usando uma vara de bambu. A casa exalava aquele cheiro de madeira lustrada, na estante estavam as garrafas devidamente alinhadas e os CDs selecionados por ordem de álbum preferido. Tudo dentro de casa tinha a sensação de lar.

O sofá, naquele Natal, ganhou uma capa vermelha porque tinha uma queimadura de cigarro. Eu podia até sentir, com a ponta dos meus pequenos dedos, o buraco na espuma do sofá, o pano endurecido em suas bordas pela queimadura, uma lembrança silenciosa de momentos passados. As cortinas foram retiradas e ganharam nova decoração. O chão não tinha mais o tom de marrom claro, desgastado pelo tempo e a cera lustrando-o frequentemente.

Qual seria o presente que Papai Noel traria neste Natal? Por que eu não conseguia lembrar? A missão de me reconectar e reencontrar minha criança interior havia se tornado a coisa mais importante que eu precisava fazer naquele momento. "Volta, Gue, volta naquele dia", a voz me dizia.

Em minha forma adulta, parecia a maior besteira do mundo fantasiar; afinal, eu tinha metas, planos de adulto e objetivos ainda não concretizados

– e, principalmente, adultos não falam sobre a criança interior. Então surgiram os questionamentos: resgatar para quê? Criança tem traumas? O que eu realmente quero ao voltar ao passado? Todos nós temos lembranças que moldam nossa mentalidade na vida adulta. Em uma conversa com uma de minhas clientes, que tinha por volta de 70 anos, eu perguntei: "Qual a lição mais importante que você tirou da sua vida até aqui?".

A resposta que eu não esperava foi: "Aprendi que, na vida e nos relacionamentos, os 'nãos' são mais importantes do que os 'sins'". De fato, ao dizer não, abrimos espaço para conhecer pessoas verdadeiras. Naquele momento, percebi que, desde a infância, dizer "não" nunca foi uma opção para mim.

CONHEÇA AS PESSOAS AO DIZER "NÃO"

"Somos oprimidos pela vida adulta."

Daquele dia em diante, isso começou a fazer parte da minha rotina e dos meus questionamentos. É verdade que, dentro dos relacionamentos, construímos barreiras das quais muitas vezes não conseguimos nos libertar, frequentemente por conta de nossas crenças. Dizer "sim" se torna uma conveniência e a voz dentro de você é silenciada. O "sim" passa a ser uma resposta automática e começamos a balançar a cabeça positivamente para nos encaixar em diferentes lugares. Pensei: *Certo, isso vai ser muito interessante.*

Certa vez, vi uma criança em um shopping, com a mãe insistindo para que ela fosse brincar em um parque com outras crianças, enquanto a menina dizia repetidamente que não queria. A insistência da mãe levou a criança a começar a chorar, gerando um efeito oposto ao pretendido, que era a diversão. Nesse momento, tive duas percepções: poderia achar que a mãe estava apenas buscando a felicidade da filha ou que a criança era mimada. No entanto, se olharmos pela perspectiva de que a mãe queria ver sua filha feliz, percebemos que a criança estava exercitando instintos que poderiam ser reprimidos ao longo da vida.

Enquanto crianças, aprendemos que chorar faz parte de sentir, mas na vida adulta frequentemente somos informados de que chorar é sinal de fraqueza ou de sensibilidade excessiva.

Enquanto crianças, avaliamos, mesmo que inconscientemente, a presença de quem gostaríamos de ter ao nosso lado. Já na vida adulta, muitas vezes desprezamos quem está ao nosso redor; mesmo assim, sorrimos e fingimos que está tudo bem.

As referências que a criança cria na infância moldam suas futuras relações, e apenas algumas conseguem refletir sobre o que realmente desejam. Com o tempo, nos sobrecarregamos de compromissos e entramos em um modo de sobrevivência.

SOBREVIVER OU VIVER

A sobrevivência se torna o caminho e, sem perceber, você para de viver. *Então, eu entrei em modo sobrevivência*, pensei. Talvez você não tenha notado isso porque seu cérebro se tornou um especialista em preencher o vazio da sobrevivência.

Mas, afinal, o que é sobreviver? É entrar em um estado de segurança. Na vida adulta, é simplesmente fazer o que tem que ser feito.

Padronizamos o algoritmo dos dias, repetindo sempre a mesma rotina. Inclusive, pegamos o mesmo ônibus lotado todos os dias, sem levantar a cabeça da tela, como se achássemos que a vida por trás dela é mais importante e interessante do que a nossa. Quantas vezes passamos pelo mesmo lugar sem observar suas mudanças diárias? Quantas vezes deixamos de perceber a transformação das estações?

Esquecemos de saudar o sol nascendo ou se pondo ao final do dia. A verdade é que notamos apenas quando um trator passa por cima de uma casa que antes abrigava uma família. E não, eu não sei a história dessa família, agora substituída por pelo menos cem novas famílias com a construção de um prédio. Percebemos que naquele local havia uma vila com famílias felizes apenas quando alguma tragédia ocorre, levando embora todas as casas. Notamos a presença de alguém ao nosso lado somente quando essa pessoa começa a chorar ou sente uma dor intensa. Por que nossa atenção é acionada principalmente quando estamos em estado de alerta ou presenciamos, mesmo que de longe, algo que não é tão bom?

Mas a questão é viver, não é? Certa vez, em um atendimento, aproximei-me da minha cliente e percebi seu semblante enigmático e profundamente triste. Cumprimentei:

— Bom dia.

Ela respondeu, com uma leveza que contrastava com sua dor:

— Bom dia, estou feliz em te conhecer.

— Fico feliz que esteja aqui. Me conte sobre você — respondi.

Assim que fiz a pergunta, as lágrimas começaram a escorregar pelo seu rosto. Em um instante, ela desabou, revelando que havia perdido todas as pessoas que amava na vida. O café que eu levava à boca parou no caminho, engasgado pela situação. Com um impulso genuíno, eu disse:

— Fala comigo, eu quero te ouvir.

Ao final do atendimento, uma frase ficou na minha mente, eu não poderia esquecer da primeira coisa que ela havia me dito: "Estou feliz em te conhecer".

A minha missão não era salvar a vida dela, e sim tornar aquele dia mais leve, trazendo um sorriso e a felicidade que ela havia buscado por, pelo menos, algumas horas. Em uma grata surpresa, ela retornou algumas vezes, me trazendo boas novas, como o início de uma atividade física e a criação de novas relações na academia. Entendi que aquele dia fazia parte de um processo de luto que precisava ser vivido.

Era um dia frio, por volta das 5h, e o telefone tocando na madrugada certamente anunciava uma notícia ruim. "A tia faleceu", disse a mãe, desligando o telefone e encarando o pai, que coçava os cabelos com um olhar esbugalhado e aterrorizado. Lá íamos nós de novo enterrar mais um parente.

Na minha infância, aos domingos, visitávamos de cemitério em cemitério entes que já haviam partido. A cada vela derretida, eu e minha irmã fazíamos bolinhas de cera para jogar uma na outra. Provavelmente era a nossa maneira de tornar tudo mais leve. Foram muitos velórios e despedidas repletos de choros e tristeza.

Desde cedo, entendi o que é a saudade e o medo profundo de perder alguém. Certa vez, voltei para casa consumida pela culpa por não ter me despedido de uma tia. Com o tempo, percebi que a despedida em si não mudaria nada. Tinha mais a ver com a minha dor e a dor de todos os presentes.

Aprendi, de forma dolorosa, o que é o luto. E por isso consegui acolher a dor da minha cliente, respeitando suas perdas, mesmo sabendo que cada um sente à sua maneira. Ao final do atendimento, ela disse com uma determinação linda: "Eu quero viver".

Nós queremos viver! E essa vontade se torna clara quando nos deparamos com nossos medos. Temos sonhos, projetos, desejos e objetivos. E, claro, ao longo dessa jornada, acabamos assumindo alguns riscos. O fundamental é que esses riscos sejam calculados e inteligentes. Lembra quando sua mãe diz: "Leva o guarda-chuva porque vai chover"? Você olha para cima, vê aquele céu azul sem uma nuvem à vista e pensa: *Claro, vou levar sim, mãe!* Então sai de fininho, deixando o guarda-chuva para trás.

No final da tarde, você se vê na rua, encharcado, com os pés encolhidos dentro dos tênis molhado, a boca roxa de frio e o cabelo parecendo o de um gato que acabou de cair em uma piscina, frustrado, se perguntando: "Onde está o meu senso de precaução?". Sem deixar de lembrar que "praga de mãe pega". Correr riscos inteligentes é entender que, às vezes, a prevenção é essencial. Não estou dizendo que correr riscos é algo negativo, pelo contrário, é um componente vital da vida. O que importa é fazer isso de forma consciente e ponderada.

> *"A dor é temporária. Desistir dura para sempre."*
> LANCE ARMSTRONG

Lembro da primeira vez que tirei as rodinhas de proteção da minha bicicleta roxa: fui direto para o chão. Também me lembro bem do joelho e das mãos raladas, além de outras partes do corpo. Eu tinha a opção de chorar – e como eu queria! – ou me levantar e tentar novamente.

O resultado? Hoje não tenho mais o hábito de andar de bicicleta, mas minha infância foi repleta de manobras radicais. Nunca mais caí? Claro que sim, mas o que realmente importava era a diversão.

Aliás, aquele dia em que a bicicleta chegou foi um dos mais incríveis da minha vida. Aos poucos, fui soltando as mãos do guidão, aprendendo a confiar em mim mesma, nas minhas pernas, no meu equilíbrio e a sentir o vento batendo no meu rosto. A verdadeira essência estava na diversão e na liberdade de cada nova tentativa. Eu me sentia livre!

É fácil evitar quedas nas suas tentativas: a opção mais fácil é simplesmente não fazer. Mas essa escolha vem com um preço alto: frustrações, decepções e desgastes emocionais. E, sem perceber, você acaba reativando o modo sobrevivência, perdendo a chance de viver plenamente.

==A vida é feita de riscos e cada queda é uma oportunidade de aprendizado. Portanto, levante-se, enfrente seus medos e continue pedalando. A liberdade e a diversão estão à sua espera!==

Gradualmente, você pode destruir sua autoconfiança por medo de tirar as rodinhas de proteção. A sensação de soltar o guidão se transforma em um caos, e você começa a perder o discernimento sobre as situações ao seu redor, esperando recompensas pelas boas ações que realiza. Você não percebe, mas está em movimento, mesmo que esse processo leve tempo. É como se tentássemos antecipar o futuro em vez de viver plenamente o presente.

Em outro atendimento, tive a oportunidade de viver um dos encontros mais incríveis com uma de minhas clientes. Naquele dia, eu estava no meu 14º atendimento ou mais, e uma garotinha se sentou em uma das cadeiras ao lado da mãe. Ela sorria com aqueles olhos castanhos e profundos. Tinha uma boina francesa na cabeça e segurava um presente que havia me trazido.

— Qual é seu nome?

— Eu me chamo Vivi — me respondeu, sorrindo.

— Quantos anos você tem, Vivi?

— Tenho 11 anos.

Eu soube, assim que ela começou a falar, que tinha acabado de vencer um câncer. Ela me ensinaria uma das maiores lições da minha vida.

Coloquei a capa nela, pensando em perguntar: "Quem você espera encontrar depois que eu puxar essa capa?", mas eu já tinha a resposta. Então, sentei atrás dela e segui meu trabalho, fazendo repetidas pausas por horas para ouvir a sua história.

— Eu seria muito ansiosa se tivesse planejado minha vida toda, só que teria uma pedra muito grande chamada câncer que me deixaria muito abalada.

Parei para prestar ainda mais atenção em suas palavras.

— Eu não planejei o câncer, mas ele não atrapalhou meu planejamento. Ele ficou lá e minha família me ajudou. Coragem é você ter medo e fazer algo com medo mesmo — continuou.

A LIÇÃO

Uma cliente com a idade bem avançada me fez a seguinte pergunta:
— Você está no passado, presente ou pré-ocupando o buraco do futuro?
Naquele momento, pensei: *Ela falou mesmo isso?*
— Sim! Na minha cabeça, há três buracos: o buraco do passado, do presente e do futuro — ela continuou.
E eu a observava atentamente.
— O buraco do passado tem que estar ocupado, precisa ter alguma coisa dentro, independentemente do que seja, ok? — concordei, e ela continuou: — O do presente tem que estar ocupado com a gente lá dentro.
Nesse momento, minha mente se despertou com aquela verdade profunda que ela compartilhou, uma verdade que muitas vezes ignoramos: o poder transformador de viver plenamente o presente. Quantas oportunidades deixamos escapar enquanto nos perdemos em lembranças do passado ou ansiedades sobre o futuro? A verdadeira vida acontece agora.
E ela seguiu falando:
— Algumas pessoas pulam o presente e vão direto para o futuro. Então elas ficam pré-ocupando o buraco do futuro, se preocupando com o que vai acontecer.
Ao final da nossa conversa, percebi o quanto nós, adultos, realmente esquecemos de viver o momento presente, mergulhados em inseguranças sobre o que ainda não aconteceu. Às vezes, o desejo por algo se torna a origem de todos os nossos problemas, nos afastando da verdadeira essência da vida.
Fui para casa naquele dia profundamente reflexiva sobre a minha ansiedade por coisas que, muitas vezes, estavam fora do meu alcance. É impressionante como temos facilidade em fugir de situações que nos sentimos incapazes de enfrentar.

Enfatizo que a autoconfiança no momento presente pode transformar não apenas nossos objetivos, mas também nossos sonhos. Quando nos ancoramos no agora, encontramos a força necessária para superar desafios e alcançar aquilo que realmente desejamos. Não permitamos que a insegurança e a ansiedade nos impeçam de viver plenamente, combinado?

Sinto meus dedos dos pés afundados na areia, em posição de largada, pronta para correr o mais rápido que podia. Coloquei o boné para trás e pensei: *Eu sou muito rápida, sou vencedora e chegarei em primeiro lugar.*

Ao meu lado, alguns amigos e outras crianças que eu não conhecia, todos esperando o "3, 2, 1, já!". Eu não admitia perder, sempre queria liderar, inventar brincadeiras e criar esconderijos que nem eu mesma conseguia encontrar. Desbravava o morro fechado pela mata atrás da nossa casa com um estilingue na mão e o cabelo todo embolado, caindo sobre o rosto, segurando um mapa do tesouro feito por mim mesma, envelhecido com azeite de cozinha e queimado no fogo, escondido da minha mãe, é claro! Queria que parecesse um pergaminho como aqueles dos piratas que passavam na TV.

— Já! — a voz gritou.

Então eu corri e, mesmo que meu amigo tivesse pernas mais longas, eu era mais rápida. Na minha cabeça, eu era imbatível, até que pisei em uma pedra e senti a dor rasgando meu pé por baixo. A dor que eu sentia não era apenas pelo machucado no pé, mas pela sensação de perder uma corrida que eu já considerava garantida. E assim era a experiência de perder no futebol e nas brincadeiras da escola.

FORJADO PARA VENCER

Imagine se você só vencesse na vida. O que mais poderia te surpreender? À medida que fui crescendo, as vitórias foram se tornando mais distantes e a autoconfiança se perdendo. As brincadeiras deram lugar a responsabilidades, como limpar a casa, fazer a lição da escola e ouvir "você não pode ficar na rua até tarde".

— Por que só eu tenho que limpar o banheiro? — resmungava. — Pede pro mano.

— Isso não é serviço de menino, ele ajuda o pai na obra.

A verdade é que, com o tempo, comecei a esquecer da pequena criativa que existia dentro de mim e fui assumindo a postura da incompreendida. Não entendia essa divisão de que meninos fazem isso e meninas fazem aquilo. Afinal, nas brincadeiras não era assim. Eu jogava futebol todos os dias e brincava de boneca e massinha na casa de uma amiga quando chovia. Brincava de "polícia e ladrão" e jogava palito nos dias quentes de verão, quando o clima mudava tão de repente que pegava todos desprevenidos com uma tempestade torrencial, fazendo com que muitas vezes ficássemos sem luz. Para mim não existe brincadeira de menina ou de menino. Então por que tarefas sim?

Algumas vezes perguntava aos meus pais como tinha sido a infância deles. Antigamente os pais não se relacionavam tanto com os filhos como fazemos hoje. Existia tão pouca informação disponível, e uma das coisas que eles falavam é que ambos vieram da roça, onde a vida era bem diferente da que eu e meus irmãos vivíamos.

— Do que mais sente falta, mãe?

— De ir pra roça com o pai.

— Como era lá?

— Às vezes não tinha o que comer, e ele levava um pão duro que durava o dia todo e água. A gente trabalhava na lavoura desde cedo, ajudando a plantar e a colher os alimentos. Era uma vida dura, filha, mas a mãe sente falta.

Ela me contou que as manhãs começavam cedo, com o canto do galo, e que o dia era muito cheio. Não havia eletricidade, então as noites eram passadas à luz de lamparinas. As crianças brincavam com o que podiam encontrar, como bonecas feitas de pano ou carrinhos de madeira, e a diversão muitas vezes vinha da imaginação, já que não havia muitos brinquedos.

Os pais da minha mãe viveram pouco, e acredito que ela nunca viveu a oportunidade de ser criança. Sempre teve responsabilidades, ajudando nas tarefas da casa e cuidando dos irmãos mais novos. Depois que se casou, a vida não ficou mais fácil, foram filhos atrás de filhos, oito no total, e as obrigações só aumentaram. Ela conta que não teve tempo para sonhar ou planejar o futuro, pois cada dia era uma luta pela sobrevivência e pela criação da família.

Essas conversas me fazem refletir sobre como a infância e a relação entre pais e filhos mudaram ao longo dos anos. Enquanto hoje a busca é por se conectar mais com os filhos, oferecendo apoio emocional e espaço para que sejam criativos, na época dela, a vida exigia sacrifícios e uma maturidade precoce.

"FEZ O MELHOR QUE PODIA COM AS CONDIÇÕES QUE TINHA"

Esse é um dos motivos pelos quais minha mãe é minha maior inspiração. Quando alguém é tão importante para você que se torna o oxigênio dos seus dias, essa pessoa se torna uma luz em sua trajetória.

O que você fez no passado não pode ser mudado, mas o que esta autora traz para você neste primeiro capítulo é um convite poderoso: a busca pela sua criança interior. É um chamado para resgatar os momentos felizes que moldaram quem você é, relembrar os sonhos e as esperanças que habitavam seu coração.

==Esse processo de autodescoberta nos ensina que, mesmo diante de traumas e desafios, temos a capacidade de reescrever a nossa história. Os valores que formamos ao longo da vida, muitas vezes influenciados por experiências difíceis, podem se transformar em lições de resiliência e força.==

Então saiba que você sempre fez o seu melhor. Seus pais também. Olhar para o momento presente significa reconhecer que podemos ser nostálgicos e revisitar nossa criança interior sempre que necessário. É fundamental entender que, quando choramos, não nos tornamos fracos, estamos apenas externalizando o que sentimos. Afinal, qual é a primeira coisa que fazemos ao nascer?

Por que, então, ao longo da vida, abafamos nosso choro? Se caímos, nos levantamos e seguimos em frente, sempre que possível; porque, no final das contas, a cicatriz nos lembrará de que vivemos aquele dia plenamente e não apenas ficamos sentados observando outros se divertirem.

Quando crescemos, percebemos que a frase que tanto falávamos – "quero crescer logo" – não faz muito sentido. E não há nada de errado em admitir isso. Era incrível a sensação de brincar na chuva, de criar nossos próprios brinquedos, de usar a imaginação ao máximo, de não ter medo de nada e de ser otimista, mesmo sem entender o significado da palavra. Mas a vida adulta também pode ser incrível se nos permitirmos sentir e acreditar no "tudo é possível" como quando éramos crianças. Tornar a vida mais leve e viver o presente com toda a intensidade também pode ser coisa de adulto, basta nos permitirmos.

Aqui vamos viajar entre passado, presente e futuro, entendendo que construir a sua verdadeira essência pode se tornar uma marca realmente forte. Cada experiência, cada lágrima e cada riso moldam quem você é, e essa jornada de autodescoberta é uma oportunidade de se reconectar com a alegria simples de ser criança.

Permita-se sonhar novamente, brincar com a vida e abraçar cada momento. A vida é uma tapeçaria rica de experiências e você é o artista que a tece. Que suas memórias sejam não apenas um refúgio, mas também uma fonte de inspiração para criar um futuro brilhante e cheio de significado.

Quando nos ancoramos no agora, encontramos a força necessária para superar desafios e alcançar aquilo que realmente desejamos.

ALÉM DA CAPA
@gueoliveira

CAPÍTULO 2

A DECISÃO

> *"Num filme, o que importa não é a realidade, mas o que dela possa extrair a imaginação."*
> CHARLIE CHAPLIN[2]

Era manhã de sábado e, ao contrário da maioria, para mim não era um dia divertido, muito menos esperado. Acordar mais tarde? Só se fosse na cama dos meus sonhos, porque lá em casa a história era bem diferente.

— Acorda, é hora de começar a faxinar a casa! — a voz da minha irmã do meio invadia meus ouvidos ao entrar no quarto, como um alarme que nunca parava de tocar.

— Ah, não! — resmungava, enterrando a cabeça no travesseiro e desejando que o mundo pudesse parar. O sol entrava pela janela, me avisando que seria um longo dia, mas eu só queria ficar ali sonhando.

O cheiro do café e do pão quentinho subia pela casa, mas vinha junto com o cheiro de produtos de limpeza que me fazia torcer o nariz. Minha irmã sempre dizia que a casa tinha que estar brilhando, mas tudo o que eu queria era estar lá fora em aventuras imaginárias. Os sons de móveis sendo arrastados e os tapetes sendo sacudidos faziam meu coração afundar. Eu só podia pensar em como seria bom estar do lado de fora, correndo e rindo, em vez de ajudar a limpar os cantos empoeirados daquela casa.

Então eu finalmente me arrastei para fora da cama, fazendo uma careta. Sabia que não tinha escolha. Dia de sol ou muita chuva, os sábados eram sempre iguais. E, mesmo limpando a casa todos os dias, aquela rua de areia fina empoeirava todo e qualquer pequeno objeto das muitas estantes que tínhamos.

---

[2] CHAPLIN, C. *Vida e pensamentos*. São Paulo: Martin Claret, 2002. p. 3.

Mesmo os tapetes forrando o chão a ponto de pouco vermos a madeira, precisávamos lustrar tábua por tábua de joelhos no chão. O importante era encerrar antes do final da tarde, para que pudesse secar a tempo de o meu pai voltar para casa e encontrar tudo limpo e cheirosinho.

Nos cantos era possível ver algumas partes das paredes ocas por conta dos cupins. Às vezes, eu até conseguia enxergar o quarto do meu irmão através de uma fresta de madeira entre nossos quartos.

Eu sempre estava acompanhada da minha irmã mais nova, que segurava cada pequeno objeto depois de limpo para colocar novamente na estante, agora sim lustrado. As garrafas de bebidas, nunca abertas, esperando uma ocasião especial, que geralmente era o Natal.

A mãe estava na cozinha, tirando cada panela de dentro dos armários, puxando um brilho que nunca mais vi na vida naquele inox. Lembro que podia me enxergar nas panelas, que mais pareciam espelhos.

O pai geralmente ia para a obra pela manhã e, à tarde, procurava algum bar. Essa era uma cena que se repetia com frequência: ele passava o dia fora, bebendo, e só voltava no final da tarde.

A FUGA

Consigo sentir o cheiro do dia em que decidi que um dia sairia de Floripa. Estava com meu baldinho de água com álcool, limpando os pequenos quadrados daquela janela de madeira velha que sempre emperrava na hora de abrir. Molhava o pano e torcia para que, na hora de passar no vidro, ele não ficasse tão molhado a ponto de demorar demais para secar. Depois, pegava aquelas folhas de jornal da semana, onde as notícias do dia anterior já faziam parte do passado que não poderia mais ser alterado.

Amassava justamente a folha que contava a notícia que havia parado o mundo. A reportagem dizia: "Emoção no adeus à princesa do mundo.[3]

---

[3] EMOÇÃO no adeus à princesa do mundo. *Jornal do Brasil*, Rio de Janeiro, ano CVII, nº 146, 1 set. 1997, p. 2. Disponível em: https://news.google.com/newspapers?nid=0qX8s2k 1IRwC&dat=19970901&printsec=frontpage&hl=pt-BR. Acesso em: 14 out. 2024.

A loura esguia que com a mesma desenvoltura e simpatia visitava mutilados de guerra e cintilava com seu sorriso cativante os salões de baile despede-se como a rainha dos sonhos do mundo. O corpo de lady Diana Spencer, a Princesa de Gales, que encontrou a morte num trágico acidente automobilístico em Paris na madrugada de domingo, foi levado ontem para a Grã-Bretanha acompanhado de um consternado príncipe Charles, que não conseguia esconder os olhos vermelhos. O caixão foi recebido em Londres por uma guarda de honra militar e pelo primeiro-ministro britânico, Tony Blair, que lamentou com voz trêmula: 'As pessoas em todo o mundo a amavam'. [...]".

E continuava: "Em meio à profunda consternação, a Grã-Bretanha discute as honras que devem acompanhar os funerais da princesa. A pressão popular por um enterro com honras de Estado é grande, mas o protocolo oficial exige permissão da rainha Elizabeth e aprovação do Parlamento. A coroa britânica atribuiu ontem a demora em anunciar a data do enterro 'à necessidade de equilibrar os desejos de todos os membros dos diferentes ramos de sua família'".

A data do funeral já havia passado quando eu segurava aquele jornal de uma semana atrás. Naquele momento eu não entendia ao certo por que ela era tão importante e qual legado havia deixado. Hoje sei por que o mundo parou e por que até minha mãe havia ficado triste. O nome de minha irmã caçula, nascida em 1994, foi uma homenagem a ela.

Eu passava a folha de jornal no vidro, que ficava transparente de tão limpo. Fazia sol lá fora e vi crianças correndo, uma delas até me chamou:

— Vamos brincar, feia? — essa era a forma carinhosa como algumas crianças me chamavam.

Às vezes, eu até questionava minha mãe quando descíamos do ônibus, chegando em casa depois do colégio:

— Eu sou feia, mãe?

— Você é linda, minha filha — ela dizia.

— Então vou chamar elas de feias também.

Com um olhar de reprovação, minha mãe me dizia que, toda vez que alguém me chamasse de feia, eu deveria responder chamando a pessoa de linda. E eu nunca me esqueci disso.

Quando terminei de limpar os vidros, tomei uma decisão: eu iria embora e precisava de um plano. Sabia que isso levaria algum tempo, tanto que às vezes até esquecia que havia planejado partir. Eu queria encontrar o meu próprio caminho.

Ainda criança, eu ameaçava sair de casa e dizia que iria morar com meu irmão, que já tinha sua própria vida. Minha mãe sempre respondia triste, brava e decepcionada:

— Você não se manda, quando crescer faz o que quiser.

Fiz uma lista mental de tudo de que precisava: dinheiro, um lugar para ficar e talvez até um emprego. Mas, ao mesmo tempo, sentia uma mistura de medo e excitação. O que aconteceria se eu realmente fosse? E se eu não conseguisse me virar sozinha?

Lembro de ver minha mãe chorando algumas vezes depois de alguma rebeldia minha ou de um dos meus irmãos. Como eu gostaria de ter pedido desculpas mais vezes. Naquela época, eu não tinha noção, mas a puberdade já estava mudando tudo para mim.

Eu já não ria como antes, vivia com a testa franzida e os olhos apertados, sempre irritada. A raiva era minha companhia constante e eu me sentia completamente incompreendida. E, para piorar, ainda havia um bebê na família. Minha irmã caçula estava dando os primeiros passos e, sem dúvida, era a queridinha de todos. Além disso, tinha um sobrinho que minha mãe praticamente criou junto com minha irmã. Eu me sentia desaparecendo no meio disso tudo. A cada risada que ouvia e a cada olhar de adoração que minha irmã recebia, a angústia só aumentava.

A ideia de ir embora não era só um desejo, estava se tornando uma necessidade. Eu precisava sair daquela situação sufocante e encontrar um lugar onde eu pudesse ser eu mesma. Estava mais certa do que nunca de que precisava ir.

PUBERDADE

Por volta dos meus 13 anos, a puberdade me assustou pra caramba. Quando vi meus seios crescendo e ganhei um sutiã pela primeira vez, pensei: *Pra* que isso? Agora não posso mais andar descalça, jogar bola ou brincar como antes? E por que eu tenho que ter espinhas no rosto? Ah, que saco! Estou me sentindo tão feia! É claro que ninguém vai olhar pra mim. É por isso que todas as minhas amigas têm namorados e eu não!

Aos poucos, minha imaginação foi sendo esmagada pela realidade. A criatividade foi se esvaindo, dando lugar àquele mantra perigoso: "Eu não consigo, não sou boa o suficiente, não sou capaz".

Te convido a transitar por todos os capítulos da sua vida, assim como estou fazendo enquanto escrevo este livro, navegando entre passado, presente e futuro, para se reconectar com sentimentos que podem ter ficado perdidos ao longo do caminho. É como se estivéssemos desvendando nossas origens, buscando um autoconhecimento pleno no momento presente, sem a pressão de nos tornarmos algo que talvez ainda não possamos ser.

Essa jornada através de diferentes épocas traz à tona sua criança interior, sua adolescência e os primeiros passos na vida adulta. Ela nos leva a refletir sobre a importância de estarmos abertos às mudanças que a vida exige de nós. Perdoar a nós mesmos e aos outros é um passo fundamental para que possamos seguir em frente e continuar nossa jornada.

Com entusiasmo, eu te digo: você possui o poder de decisão dentro de você. Por isso, se permita fazer uma reflexão profunda, apreciando seu momento de "rebeldia". Muitas vezes, ao revisitar histórias das quais não nos orgulhamos, podemos sentir vergonha e um desconforto intenso. Mas essas experiências são parte de quem somos.

Vamos com calma. Primeiro, seja um visitante atento da sua própria história e lembre-se de um momento em que se sentiu verdadeiramente feliz.

Eu, por exemplo, adorava dormir aquele soninho da tarde, com meus 5 anos, ouvindo as histórias que minha irmã contava enquanto folheava cada página daquele enorme livro de fábulas.

— Conta outra, mana — eu dizia, murmurando baixinho e cerrando os olhos, tentando mantê-los abertos.

Embora eu já soubesse todas as histórias de cor, aquele momento era mágico. É uma das lembranças que tenho antes dos meus 6 anos. Aliás, por que temos tão poucas memórias antes dos 5 anos?

QUEBRA-CABEÇA

Algumas pessoas têm lapsos de memória, enquanto outras não se lembram de absolutamente nada da infância. Essa diferença sempre me intrigou. Já ouvi muitos dizerem que apagamos da nossa memória tudo o que não queremos lembrar, uma forma de proteger nossas emoções e experiências. Concordo em parte com essa ideia, mas quando se trata da primeira infância, especialmente antes dos 6 anos, isso não me parece ser uma escolha consciente.

Naquela fase da vida, nossas capacidades cognitivas e emocionais ainda estão em desenvolvimento, e as memórias que formamos são frequentemente fragmentadas e esporádicas. Para muitos de nós, essas recordações da infância são como peças de um quebra-cabeça que, por algum motivo, permanecem fora de lugar. Portanto, a ausência de lembranças não é necessariamente uma questão de apagamento, mas sim uma combinação de fatores que torna difícil acessar esse período tão inicial da nossa vida.

Assim, enquanto algumas pessoas se lembram vividamente de momentos específicos, outras podem se sentir como se tivessem vivido em um borrão, em que a infância é uma névoa distante. E, apesar de tudo, essa reflexão me leva a questionar o que realmente significa lembrar e como essas memórias, ou a falta delas, moldam quem somos.

Então, depois de revisitar aquele momento feliz, deixe sua imaginação te levar de volta àquele dia em que não se orgulha das suas atitudes. Com calma, apenas observe que não foi o seu melhor dia e não se preocupe com o que está vendo.

Costumamos ouvir que é melhor esquecer o passado e se reinventar, como se pudéssemos editar a vida do jeito que fazemos com os vídeos que postamos nas redes sociais. Acabamos criando uma "vida perfeita" em nossas cabeças e esquecemos que, quando as cortinas do teatro se abrem, é normal sentir aquele frio na barriga, porque você vai errar mais cedo ou mais tarde na atuação da vida.

Diga para si mesmo: "Sim, eu posso mudar isso! Eu consigo". Essas são frases poderosas e um bom lembrete de que todos nós podemos evoluir.

É supercomum voltarmos a momentos de perda, brigas ou mudanças e, muitas vezes, acabarmos nos sentindo responsáveis por tudo aquilo.

Mas lembre-se: tudo isso já ficou para trás, e você deve observar essas memórias com carinho. As lembranças, boas ou ruins, fazem parte da sua história e ajudam a moldar quem você é. Aceitar essas experiências sem a pressão de ter que editá-las ou escondê-las é essencial para se tornar a melhor versão de si mesmo.

BEM-VINDO À ARTE DE COSTURAR O TEMPO

Pense em como cada momento que vivemos se entrelaça para formar a tapeçaria das nossas memórias. Tenha em mente que, naquele momento, você usou as ferramentas que tinha à disposição para criar um filme de lembranças sem cortes. O que fazemos hoje é recortar as partes que não achamos legais e postar uma versão "perfeita" das nossas vidas, esquecendo que a beleza muitas vezes está nas imperfeições.

Quando eu era criança, achava que tomar decisões era algo simples, como querer ou não querer fazer certas coisas. Mas, ao crescer, percebi que cada escolha que fazemos carrega suas consequências. Não é apenas pular no carro e sair viajando. Antes preciso levar o carro ao mecânico, fazer uma revisão, conferir os freios, trocar o óleo e abastecer, porque nunca se sabe se vou encontrar um posto de gasolina no caminho. E, claro, não posso esquecer de levar água e algo para comer, porque o tempo é precioso. Também preciso lembrar da ração dos cachorros, de quem vai cuidar deles e das roupas de frio e calor, porque o clima pode ser imprevisível.

Essas pequenas preparações são reflexos de como a vida se tornou mais complexa. Fazer uma viagem de carro não é mais tão divertido como costumava ser e agora entendo por que minha mãe começava a se preparar no dia anterior – geralmente no sábado à noite. Ela arrumava nossas roupas e avisava a hora que iríamos sair. Pensava em quantos carros precisariam ir, se minha irmã e meu cunhado também estariam conosco. Às vezes todos iam, outras vezes éramos só eu, a mãe, o pai e minha irmã mais nova.

Essas memórias de viagens com a família são como pequenos retalhos que costuramos ao longo do tempo. Elas nos lembram de que, mesmo com as dificuldades e as responsabilidades que a vida traz, cada momento vivido é parte da nossa história e merece ser celebrado.

Sempre ficávamos pensando em como dizer que não queríamos ir, mesmo sabendo que uma de nós teria que ceder. No final acabávamos indo de qualquer jeito. Uma das nossas brincadeiras preferidas era escolher um carro na frente como se fosse o nosso e ver qual ganharia a corrida.

— Eu fico com o cinza! — eu dizia, animada.

— Então eu pego o preto! — respondia a minha irmã, com um sorriso no rosto.

Era pura diversão. Passávamos horas no carro assim, até que nossa mãe apontava para o dinossauro de escultura que sempre estava lá, escondido entre as árvores. Nós nos empolgávamos, admirando o tamanho dele, fazendo até caras e bocas. Mas, depois que cresci e passei por lá, percebi que o dinossauro não era tão impressionante assim.

Quando chegávamos na casa da vó, era só estacionar o carro e o pai já cumprimentava quem estivesse ali. Depois sabíamos exatamente onde encontrá-lo: do outro lado da rua, no bar. Tínhamos que passar quase o dia todo lá, porque precisávamos esperá-lo dormir após beber para poder dirigir o mínimo sóbrio possível, e isso sempre nos deixava com medo. Às vezes falávamos, meio nervosas:

—Pai, vai mais devagar, por favor!

Então, mesmo sem querer ir viajar, acabávamos indo porque não queríamos deixar a mãe sozinha com o pai, já que ele sempre bebia e acelerava na estrada.

POR QUE EU SEMPRE TENHO QUE DIZER SIM, QUANDO NA VERDADE EU QUERIA DIZER NÃO?

Ouvi essa pergunta ao fechar a porta de vidro e entrar em mais um dos meus atendimentos. Ali, na minha frente, estava uma mulher linda, com cabelos longos que iam até abaixo dos seios. A raiz escura contrastava com o comprimento acobreado, que parecia ter sido deixado de lado. Nos olhos dela, percebi um vazio profundo e, então, perguntei:

— O que te trouxe aqui? — falei com um sorriso.

— Sempre fui muito apegada à minha aparência, a um modelo que eu achava que deveria seguir, que deveria aparentar. Mas, de uns tempos pra cá, percebo que a verdadeira beleza está em deixar as coisas acontecerem.

Respondi, ainda tentando me conectar com ela, com o pouco que havia ouvido, trazendo uma analogia da borboleta:

— É como se fosse a lagarta se transformando em borboleta. Nós não vemos a beleza do próprio processo porque queremos ver o final, mas mesmo assim temos medo do resultado. E na vida nos arriscamos a buscar resultados para a aprovação de outras pessoas. O que você pensa sobre isso?

— A gente tem medo de passar pelo processo porque não sabe se vai colher o resultado, sabe? Temos medo de atravessar o túnel porque não sabemos se haverá uma luz no final, qual será essa luz e se vamos gostar dela.

— Aceita, só aceita. Por que agarrar tão forte? Você não vai conseguir segurar a areia da praia, ela sempre escorre entre suas mãos.

Aquela conversa me deixava ainda mais intrigada e eu tinha a sensação de que poderia passar horas conversando com ela sobre diversos assuntos. Mas preferia continuar ouvindo.

— Quando foi que mudou algo dentro de você? — perguntei, ansiosa para ouvi-la ainda mais.

— Olha, Gue, eu cansei — me respondeu, dando os ombros com certa dificuldade e com os olhos lacrimejados. — Eu tenho 32 anos e, há trinta e um, tentava muito pertencer a algum grupo, a um formato, a uma idealização que as pessoas tinham sobre mim. De repente, percebi que não importava o quanto eu tentasse, eu nunca seria bem-sucedida o suficiente. Eu nunca seria magra o suficiente para um ex-namorado, nunca seria descolada o suficiente para um grupo de amigos. Eu nunca seria a "lacuna" que os outros esperavam — ela me respondeu segurando as lágrimas nos olhos para que não deslizassem pelo seu rosto.

Senti, na mesma hora, uma identificação com várias de suas reflexões e precisava ouvir mais o que ela tinha a dizer. Então, olhando em seus olhos, encorajei-a a continuar. Nós duas sentíamos que estávamos em um lugar seguro para o desabafo.

— Será que eu sou essa lacuna suficiente para mim mesma? — questionou-se. — Muitas vezes, percebia que até conseguia me encaixar naquele formato que as pessoas esperavam de mim, mas não me sentia feliz ali. Quem eu tenho que fazer feliz?

Lembro-me de olhar para ela com muito carinho e admiração por estar se expondo e compartilhando seus sentimentos de forma tão honesta consigo mesma.

— Não se trata de ser egoísta nem de ignorar a percepção e os sentimentos dos outros. Não é isso! É sobre lembrar, com a mesma empatia, responsabilidade e consideração que temos pelos sentimentos alheios, de que os nossos também importam. Se questione, assim como eu fiz: *Por que sou sempre eu a sacrificar-me? Por que sou sempre eu que preciso dizer "sim" quando, na verdade, quero dizer "não"? Por quê?*

Naquele momento, eu sentia que queria ser amiga daquela mulher, talvez porque estava me vendo dentro de muitas das suas falas, mesmo assim não conseguia entender como ela podia estar tão ferida. À minha frente estava uma mulher inteligente, bem-sucedida, mas triste, seu olhar tinha uma profundidade sem brilho.

— A gente sente quando não está no formato certo, no lugar certo. Mas, por algum motivo, achamos muito mais adequado nos agredir.

— E o que você gostaria de dizer a essas pessoas? — perguntei.

Ela respondeu como se estivesse falando para todos que a feriram:

— Eu não sou do jeito que você acha que eu deveria ser, e está tudo bem. Eu não sou do jeito que você imagina, e isso não é uma agressão a você.

Antes de puxar a capa dela, olhei em seus olhos, com um sorriso nos lábios:

— Eu estou muito feliz em te conhecer.

E ela respondeu:

— Para mim, você é um grande lápis-lazúli, e sinto muita serenidade vindo na sua direção.

Confesso que não sabia o que era o lápis-lazúli, mas imaginei que fosse algo muito especial. Sorri e peguei a capa, colocando-a na frente do seu peito. Fiz a pergunta e iniciei o grande processo para que ela pudesse se encontrar consigo mesma.

Quando puxei a capa novamente, ela começou a bater palminhas com os olhos ainda fechados. Ao abri-los, pulou para trás, surpresa com o que via.

— Gue, obrigada por ter me escutado. — Seus olhos brilhavam e o sorriso estava ali, presente e sincero naquele momento, enquanto me pedia um abraço e agradecia por tê-la escutado.

Eu gostaria que, assim como essa cliente, você também se desse a oportunidade de conhecer quem realmente é. Muitas vezes, acreditamos que as decisões que precisamos tomar estão ligadas a ações externas, quando na verdade a transformação começa dentro de nós. Se conseguirmos mudar nossa percepção sobre quem somos e o que merecemos, podemos reescrever toda a nossa história.

Desde muito pequena, eu pensava que a minha decisão mais importante seria fugir – "sair" de Floripa –, mas não percebia que, por muito tempo, estava aprisionada em ideias confusas sobre mim mesma, sobre quem eu era e o que realmente desejava. O que de fato estava me fazendo querer escapar? Será que, ao longo da minha vida, permiti que o medo das minhas decisões crescesse a ponto de se tornar um fardo insuportável?

E você, caro leitor, neste exato momento, está permitindo que o peso de decisões incertas te mantenha paralisado? É hora de romper essas correntes e enfrentar a verdade que reside aí dentro. A mudança começa quando decidimos olhar para dentro e abraçar nosso verdadeiro eu.

FECHANDO UM NEGÓCIO PARA ABRIR UMA CARREIRA

O excesso de trabalho me levou a um bloqueio criativo. E, naquele dia, eu estava diante de uma das decisões mais importantes da minha carreira:

manter meu negócio aberto ou fechá-lo e enfrentar o que as pessoas pensariam a meu respeito. Conseguia ouvi-las sussurrando "Ela faliu" após o anúncio.

A verdade é que, no dia em que a decisão foi tomada, eu já estava exausta de tentar ter aprovação, até mesmo de quem mal me conhecia. Fui chamada de louca e criticada por minhas escolhas. Cheguei a me questionar: *Será que realmente estavam certos?* Eu estava à beira de falir meu negócio, mas pela primeira vez não me importava com a opinião de ninguém.

Foi então que ouvi:

— Vida, você está fechando um negócio para abrir uma nova carreira.

Essas palavras me permitiram olhar para a decisão de encerrar as portas sob uma nova perspectiva: a de que finalmente eu iria cuidar de mim. Era hora de olhar com carinho para esse novo momento e aceitar que eu não estava pronta para continuar naquele caminho.

CONTINUAR ATÉ FALIR OU DESISTIR PARA RESSIGNIFICAR

Eu estava, aparentemente, vivendo um dos momentos mais incríveis da minha vida. Um dia, não tinha clientes e, no outro, havia filas esperando por atendimento. Tudo parecia estar seguindo conforme o planejado. Havia viralizado um vídeo na internet, e todos queriam saber por que minhas clientes confiavam em mim de olhos fechados.

No entanto, semanas antes da decisão, as coisas não iam bem. As dívidas se acumulavam sobre a mesa e nada fazia sentido. Eu estava perdendo a paixão pelo que fazia e beirando a mediocridade em tudo o que me propunha a realizar. Não tinha clareza e muito menos foco.

Qualquer coisa é melhor que nada, eu pensava. Eu estava passando por muitas coisas, como vou contar mais adiante. Por enquanto, é suficiente saber que, semanas depois, tudo mudaria. Com a viralização do vídeo, uma onda de atenção começou a surgir ao meu redor. Muitas pessoas começaram a me procurar: emissoras de TV, revistas, jornais e diversas mídias sociais. *Estaria vivendo um sonho?*, eu pensava.

Lembro de sentir um medo grande de acordar e descobrir que tudo aquilo era apenas uma ilusão. Mas, para minha surpresa, eu estava realmente vivendo aquele milagre de Deus, entrando em uma nova fase que nunca imaginei que chegaria. Começava então a aceitar algo chamado merecimento, ou seja, entender que eu merecia essa nova realidade. Aprender a aceitar isso foi um desafio, mas também uma grande descoberta.

Com as mudanças, a decisão de fechar meu negócio se tornava cada vez mais forte. O peso emocional e financeiro da situação estava me deixando sobrecarregada. Por fim foi isso que fiz. Ao encerrar as operações, não havia mais tantas pessoas para cuidar e me preocupar, e o aluguel do meu estabelecimento, que chegava a quase 40 mil reais, não pesava mais sobre mim. Essa decisão me trouxe alívio e liberdade.

Naquela noite, quando encerrei a live, um sentimento de paz ecoava dentro daquele enorme salão do qual estava me despedindo. Eu finalmente poderia dormir tranquila, pronta para enfrentar a nova fase que estava por vir: a chance de compartilhar um espaço com outras pessoas, algo que eu nunca havia considerado antes. Meu instinto de proteção me fez, por muitos meses, ficar em um canto daquele enorme e novo espaço, cercada por móveis pretos que sem dúvida refletiam minha hesitação e insegurança.

Aos poucos fui pensando se realmente havia feito a escolha certa. Olhando para o futuro, percebi que aquela nova fase me oferecia oportunidades de crescimento que eu não havia imaginado. Sim, eu tinha feito a escolha certa. A ideia de colaborar, compartilhar experiências e aprender com outros se tornou uma luz no fim do túnel, e a coragem para seguir em frente começou a surgir dentro de mim.

O medo muitas vezes se veste como monstros de filmes de terror, paralisando você a tal ponto que sente o suor escorrendo pela testa mesmo em um dia frio. Essa sensação de impotência pode ser avassaladora e é comum se sentir preso em um ciclo de hesitação e insegurança. Você sabe que precisa se movimentar, mas a ansiedade e o medo do desconhecido podem fazer com que você se sinta paralisado.

Talvez agora você esteja prestes a entrar em um momento decisivo da sua vida, enfrentando escolhas que podem moldar seu futuro. As dúvidas podem surgir e você pode se perguntar se está preparado para dar o próximo passo. Ou talvez você esteja lidando com um bloqueio criativo tão intenso que se vê repetindo os mesmos padrões, sentindo um vazio dentro de si. Essa falta de inspiração pode ser frustrante, como se você estivesse preso em uma roda-viva, incapaz de avançar. Além disso, a competição interna é cruel. Você pode se sentir em conflito consigo mesmo, lutando entre o desejo de ser bem-sucedido e o medo de falhar. Na hora de agir, essas emoções podem transbordar e se manifestar de forma confusa, dificultando sua capacidade de se expressar de maneira clara e autêntica.

Mas eu quero te lembrar de algo muito importante: tudo isso é temporário. O medo e a incerteza não definem quem você é. Eles são apenas capítulos da sua história, não o livro inteiro. A cada desafio você tem a oportunidade de crescer e se reinventar. Lembre-se de que até os maiores conquistadores enfrentaram momentos de dúvida e medo. O que os diferencia é a coragem de seguir em frente, mesmo quando o caminho parece obscuro.

Respire fundo e permita-se sentir essas emoções. Reconhecer o medo é o primeiro passo para superá-lo. Cada passo, por menor que seja, é um avanço em direção ao seu objetivo. A clareza muitas vezes vem com a ação, não espere sentir-se completamente seguro antes de agir.

Considere criar um plano, mesmo que simples, para ajudá-lo a dar o primeiro passo. Pode ser começar um novo projeto, buscar apoio de amigos ou mentores, ou até mesmo reservar um tempo para refletir sobre suas paixões e objetivos. O importante é não ficar paralisado. Acredite em si mesmo e na sua capacidade de transformar esses momentos de dúvida em oportunidades de crescimento.

Lembre-se: você é mais forte do que pensa. Cada experiência, mesmo as desafiadoras, contribui para a sua jornada. Permita-se aprender com elas e saiba que grandes conquistas estão à sua espera. A vida é uma série de altos e baixos, e é na superação dos desafios que encontramos nossa verdadeira força. Continue avançando, porque o melhor ainda está por vir!

> *"Nada é mais difícil e, portanto, mais precioso do que ser capaz de decidir."*
> NAPOLEÃO BONAPARTE

Com o tempo, a tomada de decisões se transforma em uma parte essencial da sua vida, livre do peso doloroso da dívida emocional com os outros. Cada escolha se torna um ato de cuidado e amor-próprio, refletindo sua força interior e a determinação de viver de acordo com seus valores e desejos. Abrace essa jornada de autoconhecimento e empoderamento, e permita-se!

Me conta, até aqui, qual foi seu maior desafio?

A vida é uma série
de altos e baixos,
e é na superação
dos desafios que
encontramos nossa
verdadeira força.

ALÉM DA CAPA
@gueoliveira

CAPÍTULO 3

ZONA DE DESCONFORTO

"Dentro de cada um de nós há outro que não conhecemos.
Ele fala conosco por meio dos sonhos."
CARL JUNG[4]

O som da água batendo no piso enquanto eu aguardava que ela esquentasse para o banho era a trilha sonora de mais um dia se encerrando. Enquanto esfregava o shampoo nos cabelos emaranhados de poeira, resultado de um dia inteiro de brincadeiras na rua, eu cantava várias músicas que surgiam na minha mente. O barulho da água caindo sobre a minha cabeça dificultava a percepção de que eu não cantava tão bem assim. Mas, sem dúvida, acreditava que quando crescesse seria uma cantora famosa.

— Abre, Gue! — chamava minha mãe do lado de fora, querendo entrar para conferir se eu realmente estava tomando banho direito. — Toma banho logo que o pai e o mano estão chegando e vão querer usar o banheiro.

Ela entrava e me colocava de costas para a parede, pedindo que eu erguesse o pé. Com aquela escova de tanque, ela esfregava o pé até que toda a sujeira saísse. Às vezes fazia cócegas e eu ria tentando retirar o pé, mas ela sempre o segurava de volta até que ficasse limpinho. Confesso que não era propriamente divertido, mas nunca imaginei que um dia sentiria falta disso.

Sempre ouvi que ter um salário de carteira assinada era a coisa certa a se fazer. Era o que minha mãe me dizia:

— Eu não quero nada pra mim, trabalhe para ter suas coisinhas.

---

[4] JUNG, C. Dentro de cada um de nós há um outro... Carl Jung. Disponível em: www.pensador.com/frase/NjU5MTcz. Acesso em: 1 nov. 2024.

Assim, fui crescendo e seguindo os passos dos meus pais. Meus dois irmãos decidiram acompanhar o pai nas obras, enquanto as meninas seguiram a mãe nas faxinas. Desde muito cedo, aprendi a me virar com os ensinamentos de que "nada disso é pra mim, isso é para você aprender a se virar e nunca ficar na mão de ninguém". E de fato hoje não há nada que eu não saiba fazer. Existe apenas o que eu não quero fazer, o que é bem diferente.

Conforme crescia, uma das maneiras de ter meu próprio dinheiro era por meio das faxinas, até que atingi a idade suficiente para assinar minha carteira, por volta dos 16 anos, como jovem aprendiz em uma empresa de telemarketing.

Às vezes eu trabalhava no atendimento ativo, ligando para vender produtos de telefonia, outras vezes estava no setor receptivo, atendendo às reclamações de clientes insatisfeitos com o serviço. Posso dizer que não gostava muito de ambas as funções, e o salário não era suficiente para nada, nem mesmo naquela época. No entanto, via o orgulho dos meus pais por eu estar trabalhando de carteira assinada.

Lembro que, no dia em que saí da empresa, decidi buscar um trabalho que me proporcionasse mais liberdade. Então comecei a vender purificadores de água de porta em porta, recebendo comissão pelas vendas. Fiz algumas vendas, mas nunca cheguei a ver a cor do dinheiro.

Vender sempre fez parte da minha vida. Por volta de 1992, tínhamos uma carroça velha ao lado de casa, um quintal que serviu de cenário para todos os tipos de brincadeiras e aventuras até meus 5 anos.

— Você gostaria de comprar um peixe? — eu perguntava para minha irmãzinha, segurando um pedaço de tijolo quebrado dentro de um balde com água, imaginando uma enorme caixa de isopor cheia de peixes.

— Uhum! — respondia ela, me "pagando" com folhas de uma árvore, fingindo que eram notas de dinheiro.

Outras vezes vendia grampos de roupa ou biscoitos que pegava no bar dos meus pais, que ficava ao lado de casa, um lugar todo azul de madeira com um enorme "51" na frente, sugerindo o que mais se vendia por lá. Mesmo de longe, eu sentia o cheiro da cachaça exalando dos homens encostados na beira do balcão, pedindo mais uma dose, enquanto o gole descia pela garganta, trazendo um prazer que eu não entendia. Em um pote grande e transparente, havia ovos em conserva e uma linguiça pendurada na parede. Nós sempre ficávamos na parte de trás do bar e só podíamos ir à frente acompanhadas de algum namorado das minhas irmãs mais velhas.

Eu vi vendas sendo realizadas a minha vida inteira. Meus pais sempre estavam vendendo alguma coisa e comprando outras tantas. No quintal tinha absolutamente todo tipo de bicho: galinhas, gatos, cachorros e porcos. Do outro lado da rua, havia um pasto onde soltávamos pipas no meio do gado. Comíamos frutas direto das árvores, inclusive nas plantações extensas de tomates que explorávamos com meu irmão.

Mudar rotinas e hábitos não era algo muito comum na nossa família. Mas certo dia, depois de uma enchente que cobriu parte da nossa antiga residência, fomos obrigados a nos mudar para uma casa com cheiro de madeira. É claro que ficamos entusiasmados, estávamos nos mudando para a praia. Tudo bem que eram alguns quilômetros até a praia, mas ainda assim era praia.

> **Acredito que nunca saberemos o que as mudanças realmente causam em nós. E se não tivéssemos mudado, como eu seria agora? Onde estaríamos? A verdade é que ninguém tem essas respostas, e é essa a graça do jogo.**

Você gosta de mudança? Mudar assusta e paralisa, afinal traz incertezas. A mudança nos dá a sensação de que perdemos definitivamente o controle de algo que conquistamos, e isso vem com o desafio de ter que começar tudo de novo e reconstruir.

Convenhamos que mudar dá preguiça. As coisas não estarão mais guardadas no mesmo lugar, embora ainda sejam as mesmas coisas. O guarda-roupas continua o mesmo, mas está em uma posição diferente e não combina mais com o ambiente. A decoração anterior agora parece velha ou inadequada. Para que mudar, se você já está tão acostumado com a rotina de entrar em casa, tirar os sapatos e jogar a bolsa na cadeira que nunca muda de posição?

E a geladeira? Você já se pegou abrindo-a, esperando encontrar algo que gostaria de comer e, ao fechá-la, resmungando, como se a comida pudesse aparecer magicamente ali, apenas porque você não queria ir ao supermercado? E o armário? Aquela porta emperrada que nunca abre quando você mais precisa. Você já se perguntou por que não chama um especialista para consertá-la? Por que continuamos a tolerar o que nos incomoda, hein?

E, assim, mais um dia se passa, indo trabalhar naquele escritório chato, cercado por pessoas insuportáveis. O que estamos fazendo com as nossas vidas? Será que estamos realmente vivendo ou apenas sobrevivendo?

Incapazes de nos movimentarmos e procurar algo que nos faça verdadeiramente felizes, que traga prazer e satisfação durante o mês e não apenas no final, acabamos nos acomodando. O que nos impede de buscar uma mudança? O que estamos esperando?

A ZONA DE CONFORTO PODE SER O LUGAR MAIS DESCONFORTÁVEL EM QUE VOCÊ VAI SE SENTAR NA VIDA

Paradoxalmente, a zona de conforto é um lugar desconfortável que nos envolve na estagnação. E, sim, pode ser tão desconfortável quanto os desafios que tentamos evitar. Embora permanecer em nossa zona de conforto nos proteja de riscos imediatos, também nos afasta de descobertas e do crescimento pessoal.

Costumamos confundir a zona de conforto com um espaço seguro e acolhedor, aquele lugar para o qual fugimos em busca de proteção contra as inseguranças e onde nos sentimos mais fortes. No entanto, como todo espaço seguro idealizado pela nossa mente, a zona de conforto pode se tornar perigosa, criando conflitos internos que desmotivam os desafios e trazem tédio.

— Nada novo acontece na minha vida — disse um amigo. — Tudo na mesma, o de sempre — continuou, insatisfeito com mais um dia da sua rotina.

— Mas me conta, o que você fez para mudar? — questionei, naturalmente.

— O de sempre, né? O que tem de novo?

Sem perceber, perdemos gradualmente o potencial de nossas habilidades cognitivas e motoras, e o medo do desconhecido se transforma em um obstáculo significativo que nos impede de explorar nossas possibilidades. Assim, ao contemplar qualquer mudança, o desafio pode parecer desprovido de valor.

E se o crescimento ocorrer fora dessa zona de conforto? Imagine ter infinitas possibilidades ao observar a mesma direção. Convide as pessoas ao seu redor a também direcionar seu olhar para o mesmo ponto e incentive outras a participar deste exercício.

Peça a cada um que escreva em um papel o que percebeu e, em seguida, dobre-o ao meio e coloque-o sobre uma mesa. Depois abra um a um e prepare-se para uma revelação surpreendente. Cada papel, sem dúvida, trará uma percepção diferente, pois, mesmo que todos estejam olhando para o mesmo lugar, cada pessoa verá algo ao seu modo.

A oportunidade de aprendizado se apresenta quando nos permitimos viver e buscar novas experiências. No final adquirimos um conhecimento mais profundo sobre nós mesmos.

O DESCONFORTO PODE SER UM CATALISADOR PARA A MUDANÇA

À medida que conheço pessoas que admiro e pergunto sobre os fundamentos de seu sucesso, mais respostas remetem ao desconforto. Não é possível alcançar resultados diferentes mantendo as mesmas atitudes. Parece óbvio, não é?

Em menos de dois anos, mudei de ambiente mais vezes do que em toda a minha vida. Comecei a valorizar o desconforto como uma parte fundamental do meu crescimento, desafiando-me a experimentar o novo e permitindo-me expandir meu caminho com coragem, mas também com vulnerabilidade.

Por incrível que pareça, era confortável atender aquelas ligações de pessoas desconhecidas que reclamavam por minutos, como se eu tivesse alguma culpa pela insatisfação delas com a telefonia. Era confortável carregar um purificador de água nos braços, mesmo pesando cerca de quatro quilos e andar quilômetros sem vender nada. E ainda mais confortável era voltar para casa reclamando do quanto ganhava mal e da falta de reconhecimento por tudo o que fazia, convencida de que eu era boa naquilo.

Confortável mesmo era brigar com minha mãe porque eu não queria ajudar minha irmã com as faxinas ou lavar a louça que todos haviam usado.

Minha zona de conforto era não correr nenhum risco que pudesse me tornar extraordinária. Era confortável saber que eu tinha um horário fixo para chegar ao trabalho, mesmo com meu patrão gritando que eu era incompetente por não conseguir agenciar os imóveis que ele desejava, enquanto os proprietários se recusavam a ceder a uma imobiliária recém-chegada ao bairro. Não importava o quanto eu fosse boa, nunca era suficiente.

O desconforto surge quando você se submete às mesmas situações, mas desta vez acreditando em seu verdadeiro potencial. Assim, quando me mudei para o Rio de Janeiro em busca de mudanças e realizações de sonhos, entrei novamente na zona de desconforto. E não era nada confortável acordar às 4h, sair às 4h30min e pegar uma van lotada com o pescoço em uma posição desconfortável e uma mochila pesada nas costas.

— Centro de Campo Grande, estação Bangu! — gritava um rapaz, colocando a cabeça para fora com uma pochete pendurada atravessada no pescoço.

A van se aproximava, cheia de pessoas esperando por ela.

— Vai? — perguntava ele, abrindo a porta e descendo de chinelo, regata e boné virado para trás.

Eu entrava na van ansiosa para que alguém descesse logo e eu pudesse me sentar – me sentia cansada mesmo o dia mal tendo começado. Ao descer da van, eu precisava pegar um trem em direção à Central do Brasil, e a diversidade de produtos vendidos a cada estação onde parávamos era algo que me encantava.

— Coador de café, agulha de fogão, kit completo de costura, bala, fone de ouvido, pilha para o seu relógio, controle remoto universal! — gritava o rapaz, segurando seus produtos. Ao lado dele, um pastor se reunia com alguns fiéis, fazendo uma oração para que o dia de todos fosse ótimo e terminando com um discurso sobre o Juízo Final. Uma mãe entrava segurando uma criança no colo, enquanto quem estava sentado fechava os olhos, fingindo estar dormindo ou distraído com o celular para não ceder lugar.

A estação ia e vinha, e inúmeras pessoas se espremiam na porta do trem, tentando entrar e não perder o horário. Eu era uma delas, apertando-me na multidão. Finalmente, ao chegar à Central, eu só precisava pegar mais um ônibus ou metrô para chegar ao meu destino final.

O retorno para casa tinha um horário incerto e o dinheiro que eu tinha para o lanche só dava para um salgado e um suco de brinde. Eu chamava isso de "zona de desconforto". Naquele momento, percebi que aquilo que antes eu considerava confortável – trabalhar em diversas funções em Floripa – na verdade me deixava infeliz. Eu estava presa em uma rotina que não me satisfazia. Quando decidi me colocar em uma situação de desconforto me mudando para o Rio de Janeiro, enfrentando novos desafios e incertezas, vivi um dos períodos mais difíceis da minha vida. No entanto, essa experiência amarga também trouxe algo valioso: um objetivo claro. Eu pensava: "Eu preciso acertar".

Tinha a opção de voltar para a minha zona de conforto, que era a casa dos meus pais, onde faria coisas que garantiriam que minhas contas fossem pagas. Essa escolha me proporcionaria tranquilidade e segurança, mas também me prenderia em um ciclo que eu já conhecia bem.

Por outro lado, a inquietude da minha mente me dizia que o verdadeiro crescimento aconteceria no desconforto. Era nesse espaço de incerteza e desafio que eu poderia me desenvolver, aprender e finalmente encontrar um sentido para tudo aquilo. A ideia de permanecer estagnada me assustava mais do que a possibilidade de falhar. Então, com a determinação de buscar algo melhor, continuei em frente, mesmo que o caminho ainda não fosse tão claro.

Lembro de um dia em que tive que negociar com uma cliente o adiantamento de alguns serviços.

— Oi, Márcia, tudo bem? Queria te perguntar uma coisa, mas se não der tudo bem. Isso me ajudaria muito — escrevi por mensagem no celular. Minha insegurança era tão grande que eu hesitava até mesmo antes de enviar a mensagem. — Então, como toda semana estou indo aí, gostaria de saber se seria possível me adiantar 4.500 reais. Vi um anúncio de um carrinho na internet e seria ótimo para que eu pudesse fazer os atendimentos.

Márcia e sua família eram de uma gentileza absurda e sempre me diziam que tinham vindo do mesmo lugar que eu e que hoje tinham seus próprios negócios. Sem hesitar, ela depositou o dinheiro. Fiquei extasiada e, na mesma hora, entrei em contato com o vendedor, marcando de ver o carro na rua lateral do shopping.

Enfim eu tinha meu primeiro carro. Era um corsinha branco, bem velho e com a pintura extremamente desgastada. O cheiro também não era nada bom, mas era meu. Eu o lixei todo com esponja de aço e pintei com spray, joguei um perfume dentro e olhei com orgulho para a minha primeira aquisição importante. Senti naquele dia que as coisas tinham começado a dar certo com o suor do meu trabalho. Atendi a Márcia por um bom tempo, e esse corsinha me levou a muitas aventuras, além de me fazer passar por vários apuros. Inclusive, em um dia em que pela vigésima vez o carro me deixou na mão, estava presa em uma estação próxima a uma comunidade. Enquanto esperava por um guincho emprestado, fui abordada por alguns indivíduos conhecidos na favela próxima.

— Tá precisando de alguma coisa, menina? — disse um garoto com uma arma na cintura e um cigarro no canto da boca.

— Não, estou bem — respondi, ainda assustada com toda a situação. — Deixei o farol aceso, e a bateria do carro morreu. Estou só esperando o guincho.

Eles me ofereceram de tudo, e logo mais alguns se juntaram a eles. A rua estava um pouco movimentada, com um bar próximo e uma barraca vendendo batata frita. Expliquei que não tinha dinheiro e agradeci. Alguns tentaram me ajudar empurrando o carro até que o guincho finalmente chegou.

Senti que aquele carro já não me fazia tão feliz assim. Mais uma vez, ele me deixara na mão. Sabia que precisaria trabalhar mais e considerar a troca ou até voltar a usar as várias conduções em um único dia (zona de desconforto). Aos 27 anos, eu não tinha medo de correr riscos. Era mais ou menos como aquela frase: "Quando não se tem nada, não se perde nada", ou pelo menos era assim que eu pensava.

DEIXANDO A ZONA DE CONFORTO

Naquela manhã, indo para o trabalho, eu sentia que encontraria algo especial. Raramente eu sabia qual cliente se sentaria na minha cadeira ou quantos seriam naquele dia.

— Eu pesquisei um pouco sobre você e vi que teve a chance do renascimento. A Luana da internet é uma humorista que transforma sua deficiência, que tantos julgam, em motivo de risadas. Ela tem três filhos e é acompanhada por um cara incrível, uma pessoa extremamente sensível que ri de tudo que acontece na vida dela — eu disse, e as lágrimas desciam pelo meu rosto enquanto eu a olhava nos olhos através do espelho.

Então ela me disse, com firmeza e muita força:

— Com 21 anos, eu sofri um acidente de carro.

— Você tem quantos anos hoje? — perguntei, curiosa para saber mais da sua história.

— Eu tenho 35 — respondeu rapidamente.

— Antes de me contar sobre o acidente, como você era até aquele dia?

Ela não hesitou em responder, tinha todas as respostas prontas e diretas:

— Tinha um relacionamento conturbado, vivia em muitas baladas, exatamente como naquela noite. Não sentia medo de nada e só queria viver a vida como se não houvesse amanhã. Até que... o amanhã chegou.

— Foi naquela noite que aconteceu o acidente? Você viu que era o seu braço?

— Sabia que tinha acontecido alguma coisa e esperei por cinquenta minutos pelo socorro. Passei por treze horas de cirurgia. Tive um esmagamento traumático — disse ela, tocando o membro amputado.

— Em algum momento, você achou que seria incapaz de algo?

— Eu não tinha uma referência para seguir, sabe? — afirmou ela. — Entendi que teria que reaprender tudo, até as tarefas mais simples, como tomar banho, vestir uma blusa ou cortar algo na hora de comer. Antes eu não percebia o valor dessas coisas porque as fazia naturalmente, agora tudo se tornava um desafio. Era como se eu estivesse voltando à infância, aprendendo a andar.

— Você tem três filhos e vi você dizendo em um dos seus vídeos que algumas pessoas questionavam como você conseguiria segurá-los, certo?

— Eu sofri muito preconceito enquanto estava grávida — as lágrimas escorriam pelo seu rosto, e ela as secava para que não caíssem.

Ela continuou falando depois que se recuperou um pouco.

— Acho que, independentemente da nossa condição física, somos seres especiais e devemos ser muito gratos. Amar a si mesmo é a opção mais gostosa que você pode ter, mas às vezes eu me peguei sem me amar. É uma construção diária, feita aos pouquinhos. Eu olhava para as pessoas esperando alguma aprovação. Para quê? Se eu já tinha me aprovado!

Eu a olhava com ainda mais admiração, respeito e carinho, só querendo continuar ouvindo. Imaginava o quanto ela era forte ao compartilhar toda a sua força comigo. A coragem de se expor e revelar suas cicatrizes através do humor.

— Como foi renascer? — perguntei, sorrindo.

— O dia em que renasci foi lindo. — O brilho em seus olhos se misturava com as lágrimas. — É lindo renascer. A gente é marcado, né? Nós somos seres únicos e, por sermos únicos, devemos nos amar. A história tem que ser de amor! — finalizou ela, antes da pergunta tão esperada.

— Quem você espera encontrar quando eu puxar essa capa?

— Eu quero encontrar uma Luana mais mulher, que goste mais dela, do que ela é hoje, das suas histórias e que se sinta mais bonita.

Puxei aquela capa sabendo que não importava qual transformação viria, a zona de conforto de Luana nunca havia sido um lugar seguro. Ao contrário do que parecia, foi ali que ela se perdeu de si mesma, sentindo-se fraca e carregando uma crença muito forte de não merecimento. Lembro que, enquanto escrevia este capítulo, mandei uma mensagem para ela dizendo que apareceria em uma das páginas, e ela me disse o quanto era grata pela grandeza daquele acidente em sua vida.

O desconforto de ressignificar e reaprender coisas simples, das quais reclamamos diariamente, se transformou em desafio. Para ela, tudo havia se tornado um motivo para fortalecer sua imagem perante a si mesma, seu esposo e seus três filhos, mostrando que pular corda com um braço só era possível se encarasse como uma solução e não como um problema.

> É fácil nos sentirmos desmotivados quando não estamos dispostos a enfrentar nossos fantasmas. Muitas vezes os obstáculos que percebemos são apenas reflexos de nossas inseguranças. O medo do fracasso ou da rejeição pode nos paralisar e nos impedir de buscar soluções criativas.

Além disso, a realidade é que você não será valorizado em tudo o que faz, há momentos em que seu esforço pode passar despercebido. E nem todo lugar em que você está é o lugar onde deveria estar, a vida é cheia de transições e mudanças de direção.

A chave é se mover, ainda que isso signifique dar pequenos passos. Quando você toma a iniciativa de agir, mesmo diante das dificuldades, começa a ver movimento na sua vida. Cada pequeno progresso conta, e aos poucos você perceberá que é capaz de muito mais do que imagina. É nesse processo de movimento e adaptação que encontramos força e resiliência.

Você decide entrar em uma sala escura, achando que isso será uma escolha fácil, uma forma de escapar da luz ofuscante do mundo exterior. O cheiro de mofo e a atmosfera pesada inicialmente não parecem preocupantes, você imagina que a escuridão trará um pouco de alívio. Mas, assim que se coloca no centro do espaço e gira desorientado, a realidade se transforma. Ao cair, a dor no chão é um lembrete brusco de que essa escolha não era tão simples quanto parecia. Você hesita, esticando as mãos na esperança de tocar em alguma parede, mas tudo o que encontra é o vazio. O medo começa a se infiltrar, uma sombra lenta e silenciosa toma conta do ambiente. A saída, que parecia tão próxima, agora é apenas uma ideia distante que você não consegue alcançar. A confusão toma conta da sua mente, fazendo sua cabeça girar.

Seu corpo entra em estado de alerta. A boca seca, a respiração se torna ofegante e seu coração acelera, pulsando forte como se quisesse escapar do peito. A ansiedade toma conta de você, e a sensação é quase paralisante. Você chora, grita por ajuda, pedindo que alguém acenda a luz.

Mas que luz?, uma voz ecoa na sua cabeça, fria e implacável. *Você se colocou dentro dessa sala achando que era a saída mais fácil.*

Como faço para sair? Respire. Feche os olhos. Imagine um lugar muito movimentado. Visualize-se em uma calçada, cercado por um mar de pessoas que esbarram em você na correria de suas vidas. Cada uma delas está tão imersa em seus próprios problemas que não notam sua presença. Algumas olham para o celular, outras chamam táxi, correm atrás do ônibus ou entram em uma loja para pegar um guarda-chuva, mesmo com um dia lindo lá fora. Você sente o calor dos corpos passando por você, a pressa e a intensidade do momento. Está observando?

Todas essas pessoas são você. Veja como, na correria do dia a dia, você se esqueceu de quem realmente é. A senhora que você acabou de xingar por atrapalhar sua passagem na calçada é um reflexo seu, alguém que entendeu só agora que a vida passou rápido demais. Hoje ela só quer desacelerar o tempo.

A menina que passou correndo ao seu lado esbarrou em você, seus olhos arregalados e com uma expressão de desespero. Ela estava atrasada, não podia perder o ônibus que a levaria até a festa de aniversário da filha. Em sua mão, uma sacolinha de presente balança, recheada de sonhos e risadas infantis. Cada passo dela é uma mistura de urgência e amor, uma corrida contra o tempo que a faz esquecer do mundo ao seu redor.

E ali, um pouco mais adiante, uma mulher está comprando um guarda-chuva. A lembrança da mãe, ainda viva em sua mente, ecoa: "Pode chover a qualquer momento". A frase pesa, trazendo à tona a fragilidade da vida, enquanto ela observa as nuvens se acumulando no céu.

Essas pequenas histórias se entrelaçam no dia a dia, cada uma carregando um universo de sentimentos, enquanto você segue em meio a essa multidão apressada. E você se sente preso em um quarto escuro, isolado. A ideia de socializar parece assustadora, quase insuportável. É mais fácil se esconder, não é? Entrar nesse espaço sombrio onde as vozes do mundo se tornam um eco distante. O quarto, que parecia um refúgio, se transforma em uma prisão, uma escolha consciente de não viver a vida plenamente.

Se você sair, vai sentir medo? Claro que vai! Mas já não está sentindo isso neste exato momento? O atleta, por exemplo, sente o frio na barriga antes de entrar na competição, o advogado teme a possibilidade de perder a audiência, o professor enfrenta a apreensão de assumir uma turma, e a mãe, ao ver seu filho pela primeira vez, experimenta um turbilhão de emoções. A confeiteira se preocupa se seu recheio será aprovado, o gerente teme os resultados, e o médico carrega a pressão de perder um paciente. E o pai? Ele sente um nó na garganta ao entregar a chave do carro ao filho pela primeira vez.

Não estou dizendo que você deve sair jogando tudo para o alto e fazer loucuras, a menos que esse seja realmente o seu desejo. Apenas pare para refletir. Pense sobre o que significa reclamar e o que significa buscar soluções.

O mundo está lá fora, repleto de histórias, cada uma tão rica e complexa quanto a sua. E talvez, ao abrir a porta daquele quarto escuro, você descubra que há uma vida inteira esperando por você. Coragem!

Para ajudá-lo nessa missão, preparei algumas perguntas para você buscar as respostas dentro de si.

Faça a pergunta certa!
Comece refletindo sobre suas queixas. Pergunte-se: "Qual é a origem desse desconforto?". Essa clareza é fundamental para avançar.

Escreva suas reclamações
Pegue um papel e escreva todas as suas reclamações. Colocar seus pensamentos no papel ajuda a visualizar os problemas e a compreender melhor suas emoções.

Identifique o problema
Pergunte-se: "Qual é o verdadeiro problema aqui?". Ao entender a raiz da questão, você poderá abordá-la de forma mais eficiente.

Questione suas emoções
Pergunte-se: "Estou me sentindo frágil ou como uma vítima? É conveniente para mim?". Reconhecer esses sentimentos pode ajudá-lo a se responsabilizar pela sua situação.

Analise os benefícios
Quais benefícios você ganha ao permanecer nessa posição de reclamação? Às vezes ficamos presos em situações porque há uma certa "comodidade" em ser a vítima.

Mude sua perspectiva
Troque a pergunta: "O que eu tenho a perder?" por "O que eu tenho a ganhar?". Essa mudança de foco pode abrir novas oportunidades e possibilidades.

Busque alternativas

Pergunte-se: "O que posso fazer para mudar essa situação?". Escreva pelo menos duas alternativas que podem ajudar você a avançar. Isso traz um senso de controle.

Bloqueie pensamentos limitantes

Esteja ciente de que pensamentos negativos vão surgir. Quando eles aparecerem, reconheça-os, mas não deixe que dominem sua mente. Pratique a substituição desses pensamentos por crenças positivas.

Ação!

A única maneira de sair desse ciclo é agir. Dê pequenos passos e continue até que você se sinta orgulhoso de si mesmo. Celebre cada conquista, por menor que seja.

CAPÍTULO 4

LÍQUIDO INFLAMÁVEL

> *"A cada gole que meu pai tomava, era como se ele estivesse injetando gasolina em um incêndio já aceso. As chamas da raiva se alimentavam, e, quando não tinha mais como conter a fúria, a explosão era devastadora. O calor deixado para trás era um lembrete do poder destrutivo que o álcool tinha sobre ele e sobre nós."*

Era por volta do meio-dia que ele chegava em casa, estacionando sua Parati 1989 em frente à garagem. Ia direto para o quarto, esperando que minha mãe levasse o prato de comida do almoço já pronto até a cama, enquanto assistia ao jornal.

Naquele dia, no entanto, ele não quis comer a comida quentinha que ela tinha terminado de preparar. Sem um motivo claro, jogou o prato contra a parede, com raiva nos olhos.

— Pra que isso, pai? — minha irmã perguntou.

Estávamos escondidas embaixo da mesa quando ele se levantou e pegou uma cadeira, pronto para jogar contra ela. Nossa irmã caçula dormia na rede do lado de fora, na varanda de lajotas cor laranja. Nem sempre compreendíamos a razão de sua fúria, mas quase sempre adivinha do álcool.

Nos dias em que não bebia, era um homem calado que falava mais com estranhos do que conosco. Tinha muitos amigos fora de casa e recebia inúmeros elogios.

— Seu pai é o melhor construtor que existe — diziam eles.

Por ironia, nossa casa pré-moldada estava cheia de paredes ocas de cupim, e as kitnets que ele construiu para que a mãe tivesse uma renda apresentavam péssimos acabamentos.

Lembro de um dia na aula de Geografia, quando a professora perguntou:

— Quem conhece alguém que construa casas? Estou de mudança.

Óbvio que eu indiquei meu pai. Assim como todos, eu também admirava sua habilidade em construir casas tão incríveis, mesmo sem jamais ter estudado. Ele disse que havia herdado o dom do pai, em uma das poucas conversas que tivemos sobre a vida.

— Meu pai era relojoeiro — disse ele, orgulhoso. — Fazia relógios incríveis sem nunca ter sido ensinado. No fim acho que herdei dele a capacidade de fazer o que faço e realizar muitas tarefas sem nunca ter estudado. "Dom", como as pessoas dizem.

Sempre que ele estava trabalhando em um projeto perto de casa, íamos de bicicleta ajudar a quebrar pedras ou desentortar pregos para reutilizar. Muitas vezes aqueles pregos entravam nas solas dos nossos pés, e eu não sei como nunca peguei tétano. Ao final dessas obras, ele e a mãe nos colocavam dentro do carro para irmos admirar as casas onde outras pessoas iriam iniciar ou recomeçar suas vidas. Conheci poucas famílias e não lembro bem de nenhuma delas.

Mas, voltando à minha professora de Geografia, ela marcou um encontro em nossa casa para conhecer meu pai e discutir o início e os valores da construção de sua casa. Nesse dia, eu estava limpando a casa no meio da tarde e a vi apontando para o acabamento das kitnets ao lado, dizendo que jamais queria daquela forma.

— Parece que foi mal-feito — disse ela, em reprovação.

— É uma nova maneira de acabamento — respondeu ele.

Era uma nova tendência de texturas da época, mas que na verdade não pegou. E de fato não era nada interessante. Mas, como bem sabemos, existe aquele ditado: "Casa de ferreiro, espeto de pau". O negócio foi fechado, e ele fez uma casa linda para ela.

Nunca vi o pai sem trabalho, embora em alguns momentos ele tenha ficado um pouco mais fraco. Trabalhava duro e pesado e desde cedo levou meus dois irmãos para a obra com ele. Inclusive, ambos são tão incríveis quanto ele na construção, confirmando uma tendência de toda a família ser autodidata em trabalhos manuais.

O domingo era o pior dia da semana para mim. Muitas vezes viajávamos e tínhamos medo do retorno no carro, já que o pai saía cedo para os bares, para beber com amigos e jogar cartas ou bocha (um jogo parecido com boliche). Às vezes isso resultava em brigas e, outras vezes, no caminho de volta, ele batia em algum carro e lá ia a mãe tentar resolver a situação.

Em uma dessas situações, ela cedeu um carro que tinha, mas que jamais havia dirigido, porque não dirigia. Em outra batida, passou para o nome do cara um terreno onde amávamos brincar, entre as árvores frutíferas, era incrível passar as tardes lá. Ela estava sempre apagando algum fogo.

O dia em que ele voltava muito, mas muito bêbado, era um alívio. Sem nenhuma lucidez, deitava na cama e dormia sem tomar banho, exalando o cheiro da cachaça. Até hoje me pergunto como a mãe aguentou tudo isso.

Quando a fúria começava, seja no sábado ou já na sexta-feira, corríamos para entrar em um carro ou subir em uma moto. Fazíamos cerca de trinta quilômetros para buscar a avó, a única pessoa que conseguia fazê-lo parar. Ela era a única mulher que ele realmente respeitava. A avó amava a mãe como uma filha – ouso dizer que até mais. Enquanto ela estava em casa, nada acontecia. Eram dias de paz, em que sabíamos que a mãe não sofreria nenhuma agressão física ou psicológica. O medo voltava quando a vó ia embora, pois sabíamos que tudo voltaria a acontecer, como um círculo vicioso.

Ele nunca levantou a mão para nós, mas em uma única ocasião, quando me ameaçou ao me ver entrar em um dos buracos de uma obra, eu comecei a chorar só de olhar para ele levantando a mão. Na mesma hora, a mãe entrou na frente e disse, olhando dentro dos olhos dele:

— Não encosta na minha filha. — Ele imediatamente se afastou.

Em alguns domingos, quando íamos à igreja, eu podia ver tristeza nos olhos azuis quase brancos do meu pai. Acho que nunca vi olhos tão lindos e misteriosos como os dele. Nunca soube ao certo o que passava na cabeça dele e por que fazia aquelas coisas. Não conseguia entender as agressões constantes e as traições com a "amiga" da família.

Uma lembrança muito viva na minha mente é dos domingos de jogos de carteado em casa, quando, por acaso, eu me escondi embaixo da mesa para escapar das outras crianças no esconde-esconde. Foi ali que vi os pés dele roçando nos pés de uma amiga da família, o que tornava a situação ainda mais desconfortável, pois o marido dela estava sentado na mesma mesa, jogando aquele mesmo jogo.

Depois que cresci, tive a sensação de que o marido sempre soube. Mas, para garantir o emprego com meu pai, ele se fazia de cego para não ver o que realmente acontecia. Naquele dia, mais tarde, contei para minha mãe e naquela semana ela encontrou uma cartinha dentro da carteira dele, vinda da amante. Como ela não sabia ler, pediu que uma das minhas irmãs lesse. O que eu não esperava é que ela reagiria discutindo com ele, e mais uma vez houve agressões. Ela bateu forte na mesa de madeira escura da sala, empurrando as cadeiras com estofado vermelho e taxinhas douradas.

— O que essa v***** de ouro tem que eu não tenho? — gritou ela.

Acho que não ouvi mais nada depois disso, abracei minha irmã para que ela não ouvisse o que estava acontecendo. Alguém correu para chamar a avó.

PRECISO ME SENTIR VIVA

Recebi uma cliente que buscava uma transformação às cegas. Como de costume, fui me apresentar, agradecer e saber o que a trazia para aquele atendimento. Ela não parecia ter mais de 35 anos e começou a me falar que havia me procurado pela empatia que sentiu.

— Então por que você quer fazer a transformação às cegas? — perguntei.

— Preciso disso para me sentir viva novamente.

Normalmente eu não questionava muito os motivos das clientes antes de entrar na sala de vidro, que eu chamava de aquário, mas, por algum motivo naquele dia, com o salão lotado, insisti.

— Mas o que aconteceu?

— Estou fugindo do meu marido há meses, depois que ele quase me matou — disse ela, com a voz embargada.

— Como assim? — insisti, curiosa pela história, mas também muito assustada.

— Ele sempre foi muito agressivo. As pessoas diziam que ele ia mudar e que, no fundo, era uma boa pessoa. Até que um dia ele me bateu tanto que desmaiei, e não sei por quanto tempo fiquei ali — contou. — Quando acordei, achando que estava morta, meus órgãos doíam. Eu vi que ele estava na cozinha, consegui me arrastar até o carro e nunca mais voltei. Acredito que ele realmente achava que eu estava morta.

— Meu Deus! — foi a única coisa que consegui responder, muito assustada com aquela informação. — E ele nunca mais te procurou? — perguntei, ainda com os olhos arregalados.

— Ele já encontrou meu número algumas vezes e eu sempre troco, mas ele diz que um dia vai me achar. Fala que mudou, pede desculpas e depois muda de atitude, dizendo que quando me encontrar eu vou ter o que mereço.

— E você mesmo assim quer fazer a transformação às cegas?

— Quero me sentir bonita e viva.

— Bom, preciso te proteger e dizer que meu alcance é muito grande, milhares de pessoas verão sua história. Imagina se ele te encontrar?

— Eu não tinha pensado nisso — ela respondeu.

Sugeri que ela vivesse toda a experiência do quadro de transformação sem postar o conteúdo, e ela aceitou. Nunca mais tive notícias daquela cliente gentil e assustada, mas incrivelmente corajosa e generosa, principalmente consigo mesma, por ter entrado naquele carro sem olhar para trás.

> **A violência geralmente é silenciada, marcada por ciclos de sofrimento que se alimentam de comportamentos autodestrutivos. O álcool, para o meu pai, não era apenas uma bebida, era um catalisador de dor e destruição. As chamas da raiva se alimentavam de sua própria impotência e frustração e, quando não havia mais como conter tudo dentro dele, a explosão acontecia.**

Lembro de como tudo mudava em segundos. O homem que muitas vezes era genial, trabalhador, honesto e dedicado, que nunca deixava faltar nada em casa, se transformava em um estranho, dominado por uma força que ele mesmo não conseguia controlar.

Crescer em um ambiente assim significava aprender a silenciar a dor, a esconder as lágrimas e a normalizar o insuportável.

— Mãe, hoje tem campeonato de futebol e eu sou a melhor do time! Posso ir jogar?

— Deixa que eu te levo — dizia ele em poucas palavras.

Durante o jogo e em todos os outros, mesmo nos dias em que ele não me levava, mas anunciava que poderia aparecer, eu o procurava para saber onde estava. Conseguia ver o orgulho em seus olhos ao me ver com a bola nos pés e a fúria com o juiz quando não apitava as faltas cometidas contra mim. Quando eu marcava um gol, a vibração dele era contida, mas eu podia sentir de longe um "Essa é minha filha!".

Se o jogo fosse em um sábado, mesmo trabalhando, ele sempre dava um jeito de aparecer. Um dos técnicos que me treinou por anos era muito amigo dele e sempre dizia que eu era a melhor jogadora do time. Quando entrava no carro após o jogo, ele comprava churrasquinhos e refrigerantes, como se estivesse me recompensando por algo incrível que eu tinha feito.

— Você jogou muito bem — dizia ele, com o cigarro entre os dedos, batendo a cinza do lado de fora da janela, que voltava toda para dentro do carro com o vento.

— Podia ter feito mais gols — eu respondia.

— Ah, mas aquele juiz era muito ruim. Você fez o seu melhor — dizia ele, com uma voz ríspida e aqueles olhos azuis que se destacavam ainda mais na sua pele dourada, resultado de tanto trabalho diário sob o sol, das 6h até as 19h.

Muitas vezes cheguei a pensar que a cachaça era a maneira que ele encontrava de aliviar as dores do trabalho pesado. Afinal, eu nunca vi meu pai indo ao médico, tomando remédio ou reclamando de qualquer dor. Dormia cedo durante a semana, por volta das 20h no máximo, e acordava toda madrugada para ir ao banheiro e acender seu cigarro sentado no vaso. Eu sei disso porque, em algumas ocasiões, ele se esqueceu de fechar a porta e eu o peguei segurando o cigarro entre os dedos.

Todos os dias, após o cigarro da madrugada, ele tomava um copo de leite e voltava a dormir. Quando não era ele com o cigarro aceso na madrugada no banheiro, era a avó, sentada no sofá da sala com sua capa vermelha, coçando o nariz, como se estivesse fazendo um carinho. Se ela estava lá, era porque aqueles dias calmos haviam existido. Raramente ela ia apenas por ir, a não ser quando começou a precisar de mais cuidados.

Nos verões ou em dias muito quentes, ele nos levava para a praia e passávamos o dia todo lá. Podíamos pedir qualquer coisa, que ele pagava tudo enquanto tomava sua cerveja. Esses momentos eram felizes, como as festas de Natal, quando os parentes apareciam. Também eram ocasiões em que íamos cumprir as promessas que minha mãe e ele faziam aos santos. Eles eram católicos e frequentavam a igreja, assim como eu até a adolescência.

Mas, claro, havia um lado sombrio. O arrependimento se torna um fantasma que assombra tanto as vítimas quanto os agressores. Meu pai, em momentos de clareza, mostrava seu remorso, com os olhos cheios de tristeza. Ele sabia que a felicidade que vivíamos na praia não apagava o peso de suas escolhas diárias.

Muitas vezes ele se isolava em um lugar que chamávamos de "barraco", onde guardava ferramentas, bicicletas e coisas que não usávamos com frequência. Ali, ficava por pelo menos uma hora após o banho, fumando, tomando uma cerveja ou qualquer bebida alcoólica, enquanto assistia às novelas das 18h e das 19h, suas preferidas, especialmente as de época. Mas, mesmo nesse refúgio, a solidão e o arrependimento o acompanhavam.

Esses momentos felizes na praia contrastavam com a dor que ele carregava. A vida é feita de escolhas, e ele aprendeu da maneira mais difícil que a felicidade efêmera não apaga o peso das consequências. Cada sorriso que ele esboçava na areia era uma máscara para a culpa que o consumia por dentro. Ele desejava poder voltar atrás, mas o passado não podia ser mudado. E assim, entre risos, tentava, mesmo que por alguns momentos, buscar um caminho de redenção, apesar de se sentir perdido, preso entre a saudade da felicidade e o peso do arrependimento.

— Gue, vai lá conversar um pouco com o seu pai — dizia minha mãe.

— O que eu vou falar, mãe?

— Apenas fica lá um tempo. Ninguém conversa com ele — ela insistia. Então eu ia, sem saber muito o que perguntar, e me sentava no chão ansiosa para conhecer um pouco mais sobre meu pai.

— Pai, como você e a mamãe se conheceram?

— Sua mãe era a mulher mais bonita que eu já tinha visto. Tinha cabelos pretos como a escuridão e muito longos. Até hoje não sei como ela decidiu ficar comigo.

— Mas o pai também deveria ser bem bonito — respondi, com uma certa inocência, feliz por ele ter me respondido.

Em algumas ocasiões, até o vi passando perto dela e dando aquele "selinho" na boca. Em outras, ele a irritava fingindo colocar a mão dentro da cueca e depois passando na boca dela, e logo recebia uns tapas.

— Sai, sai! Porco! — ela resmungava, fingindo estar irritada.

Nesses momentos, ríamos juntos. Era tudo tão leve e eu tinha a sensação de que éramos uma família que nunca havia brigado. Hoje, ao refletir sobre aquele período, percebo que é fundamental quebrar o silêncio e o ciclo de violência. Precisamos reconhecer que a dor causada por esses comportamentos não desaparece com o tempo, ela se transforma, se perpetua e muitas vezes se repete nas próximas gerações. O caminho para a superação começa com a conscientização, a empatia e a disposição para buscar ajuda. É preciso criar um ambiente onde o amor e a compreensão possam surgir, substituindo a raiva e o medo.

O passado não pode ser alterado, mas podemos aprender com ele. Ao compartilhar nossas histórias e abrir o diálogo sobre a violência, podemos começar a curar as feridas e a construir um futuro onde a compreensão e o respeito sobressaiam à dor. O verdadeiro arrependimento não é apenas reconhecer os erros, mas também agir para que eles não se repitam.

Aos meus 23 anos, me despedi de tudo, prometendo a mim mesma não me envolver mais nas escolhas dos dois. De alguma maneira, havia amor e cuidado ali. E você, leitor, pode julgar essas palavras neste momento, embora não caiba nem a mim nem a você decidir o que estava certo ou errado.

Era Natal, uma das poucas vezes que consegui voltar para Floripa depois de ter me mudado para o Rio. Sempre era muito difícil voltar por conta da falta de dinheiro, mas toda vez eu achava um jeito de viver o Natal em família. Afinal, era uma das minhas datas favoritas do ano. E, nesse Natal, ele estava diferente e pediu para toda a família um minuto de silêncio para pedir desculpas por tudo o que havia nos causado.

É TARDE PARA SE ARREPENDER?

Se era tarde ou não para arrependimentos, não cabia a nós, filhos, decidir. Afinal, as maiores dores foram causadas nele, e em nós restaram traumas e medos.

— Queria pedir desculpas a todos vocês por tudo que fiz. Eu não fui um bom pai, um bom homem — disse ele, quase chorando.

Confesso que poucas vezes o vi frágil. Nem mesmo no enterro da sua mãe, a avó que apartava as brigas, vi o pai daquela maneira. A essa altura ele já havia perdido praticamente todos os doze irmãos, não tinha mais pai nem mãe. Tinha apenas a gente, sua família. Como eu disse, fui a muitos enterros na vida, talvez tantos quanto aniversários.

— Você não tem que pedir perdão a nós, e sim para a mãe — respondi na frente de todos. Não lembro ao certo o que a mãe respondeu, mas sei que tudo ficou bem naquele Natal e sentia que ele estava diferente.

Nos últimos cinco anos de vida, ele diminuiu as idas aos bares e já estava bastante cansado de trabalhar como antes. No entanto, continuava trabalhando duro, ainda se sentindo responsável pela casa. A mãe me ligava toda noite e contava que tinha descoberto uns chás que colocava escondida na bebida do pai e que isso provocava uma bela dor de barriga. Ele começou a diminuir a ponto de não colocar mais uma cachaça na boca e, no máximo, tomava uma cervejinha.

— Eu não aguento mais como antes — ele dizia.

Algumas vezes ela passava o telefone para ele, mas não tínhamos muito o que falar. Ele me perguntava como estava no Rio e quando eu iria voltar, então a conversa se encerrava. Acredito que, em seus últimos anos de casado, ele tenha vivido o latente arrependimento das escolhas que fez na vida. Mas não acredito que ele pudesse fazer diferente do que fez. Muitas vezes, quando você cresce sem amor, tudo o que consegue dar é um todo de um nada. A avó sempre foi muito dura com ele e seus irmãos, o pai dele viveu pouco e eu não sei muito a respeito. Minha mãe sem dúvida não merecia nada do que passou, mas se apegou à família para sobreviver a um casamento de quase cinquenta anos.

Eu vi meu pai sucumbir uma única vez. Esse dia foi quando ele enterrou, por incrível e cruel que possa parecer, o amor da sua vida: sua esposa, minha mãe. Na noite após voltarmos do velório, ele sentou naquele lugar de sempre, "o barraco", olhou para o céu e disse: "Olha lá, aquela estrela não estava ali ontem. Tenho certeza de que é a sua mãe". O céu daquela perspectiva ele conhecia bem porque durante muitos anos foi ali que ele se sentou, fazendo chuva ou sol. Mas para ele naquele dia o céu estava diferente.

Nos falamos algumas vezes ao telefone depois que voltei para o Rio. As mesmas perguntas e respostas. Meus irmãos diziam que ele não comia mais e estava cada dia mais magro e fraco. Até que recebi a notícia de que ele tinha passado mal e precisaram levá-lo ao hospital. Era muito estranho saber que meu pai estava no hospital, pois ele nunca tinha ficado doente na vida. Mas só precisou de uma única vez.

Eu sabia que precisava me despedir dele, embora não quisesse acreditar nisso. Passei duas noites com ele no hospital após descobrir que estava com câncer no esôfago e no pulmão, em metástase.

— Queria poder comer — dizia ele.

Ele não podia comer nem beber água. No quarto havia outra pessoa, e às vezes nos levantávamos para que ele pudesse dar uma volta no corredor. Ele parava em frente a uma santinha para orar. Comecei a perceber o medo da morte em seus olhos. Aquela muralha forte não estava mais com os pilares tão firmes.

Acredito que, por ser católico como a mãe, ele não estava com medo da morte em si, mas sim de não fazer a passagem e não encontrar com ela do outro lado. Acho que, nos últimos dias, quando percebeu que iria partir, ele se arrependeu de tudo o que havia feito. Chegou a receber alta e foi para casa, onde no dia seguinte iniciaria a quimioterapia. Naquele dia em que voltou para casa, pediu ao meu irmão mais velho que o levasse até o cemitério porque ele precisava falar com a mãe. Durante onze meses após a morte dela, ele foi lá todos os dias. Provavelmente, nesses quase cinquenta anos, eles não passaram um dia sequer sem se ver. Meu irmão conta que ele orou e disse:

— Mãe, vem me buscar, vem me buscar, neguinha — falava ele de forma carinhosa. Naquela noite, ele se deitou entre 19h e 20h, como de costume, e acordou tossindo sangue. O quarto do meu irmão do meio era ao lado, e ele se levantou rapidamente.

— Pai, vamos ao médico — disse, envolvendo-o nos braços.

Ele desfaleceu ali mesmo nos braços do meu irmão, que ainda tentou levá-lo ao hospital, mas ele já não tinha mais vida. O pai deixou este plano onze meses após o falecimento da mãe e não suportou a dor de ficar sem ela um único dia na vida. Eu digo a todos que meu pai morreu de amor.

Nunca nos coube julgar o que eles viveram, só eles sabem o que passaram antes da nossa existência. Como não falavam sobre sentimentos, dores ou qualquer outra coisa, sempre ficou uma incógnita. Quem foram meus pais antes de mim? E os pais deles?

==A vida é a jornada mais incrível e repleta de escolhas, sendo que cada uma delas vem para ensinar uma lição valiosa e significativa. Às vezes essas lições vêm em forma de arrependimentos, quando olhamos para trás e desejamos ter tomado outro caminho. E se eu tivesse feito tudo diferente? Se tivesse uma chance de voltar ao passado?==

Porém, os arrependimentos podem ser professores poderosos. Vêm para nos mostrar o valor do perdão, tanto para com os outros quanto o perdão a nós mesmos. Todos somos humanos e, por isso mesmo, sujeitos a falhas. Reconhecer que erramos é o primeiro passo para a cura. Ao perdoar a nós mesmos, liberamos o peso emocional que esses arrependimentos carregam e nos permitimos seguir em frente ou pelo menos tentar.

Além disso, os arrependimentos são lembretes de que a vida é curta demais e o preço pode ser alto. Muitas vezes nos perdemos em preocupações e esquecemos de valorizar os momentos que realmente são significativos. Cada dia é uma nova oportunidade de fazer as coisas de maneira diferente, de expressar amor, gratidão e de viver de forma autêntica.

Ao olharmos para nossos erros com compaixão e curiosidade em vez de vergonha, podemos cultivá-los como uma semente que plantamos e regamos todos os dias em busca do crescimento pessoal. Em vez de permitir que os arrependimentos nos definam, podemos transformá-los em combustível e aprendizado para um futuro mais consciente e pleno.

O verdadeiro arrependimento não é apenas reconhecer os erros, mas também agir para que eles não se repitam.

ALÉM DA CAPA
@gueoliveira

CAPÍTULO 5

AUTODESTRUTIVA

> *"Ela deixou a infância para trás, mas a adolescência a engoliu em um oceano furioso de incertezas, suas atitudes se tornavam uma dança de caos entre a busca por identidade e a confusão que comandava sua mente."*

Em um mundo que valoriza a aparência e o sucesso, muitos de nós sentimos que o que nos resta é usar uma "capa de invisibilidade". Essa capa, que frequentemente é regida pela baixa autoestima, nos leva a esconder nossas verdadeiras identidades, nos envolvendo em um tecido de autocrítica e insegurança. Caminhamos pelas ruas e observamos rostos sorridentes e confiantes, mas que por trás das máscaras escondem um desejo profundo de pertencimento e aceitação.

A sensação de não ser suficiente pode nos fazer optar pelo silêncio, pelo afastamento das interações sociais. Nesse caso evitamos a vulnerabilidade a todo custo. Preferimos ser invisíveis a arriscar a rejeição, mantendo nossas histórias e emoções trancadas a sete chaves. Isso não apenas nos afasta dos outros, como também nos impede de nos conhecer verdadeiramente. A cada dia a capa se torna mais pesada, sufocando nossas vozes e sonhos. E olha que de capa eu entendo.

Apesar disso, a verdadeira força está em abraçar nossa autenticidade. Quando decidimos remover essa capa, mesmo que gradualmente, começamos a fazer conexões genuínas e a construir um espaço seguro para a vulnerabilidade. A sociedade pode ser um lugar desafiador; mas, quando compartilhamos nossas lutas e histórias, podemos encontrar apoio e compreensão. Afinal, todos temos nossas próprias inseguranças e, ao nos revelarmos, podemos encorajar outros a fazerem o mesmo, criando um ambiente onde a verdadeira identidade possa brilhar livremente.

Estava em frente ao espelho quando percebi o quanto havia engordado. As espinhas no meu rosto lembravam uma estrada esburacada. Eu queria meu cabelo liso e preto, e não loiro cheio de cachos indefinidos. Tentava molhá-lo para que não parecesse tão armado, como se tivesse saído de uma cadeira elétrica ou colocado a cabeça para fora do carro. Tudo em mim me parecia feio, e comecei a não querer mais me olhar no espelho. Minhas amigas tinham namorados, enquanto eu não conseguia nada.

Aos meus 17 anos, eu já nem queria mais jogar tanto futebol e havia começado a trocar de grupo de amigos. Certo dia fui ao centro da cidade e vi um grupo em uma escada. Eles eram descolados e pareciam super bem-resolvidos, quase intocáveis. Queria fazer parte daquela tribo! Comprei roupas iguais às deles, rasguei muitas outras, coloquei um piercing, mudei meu estilo musical e, em uma noite na praia, cortei meus longos cabelos loiros com uma tesoura de tecido. Logo em seguida, pintei-os de preto.

Fui aceita no grupo e sentia que eu tinha encontrado uma família. Fazíamos tudo juntos e descobri o caminho das bebidas e dos cigarros. Comecei a ter momentos de rebeldia dentro de casa, chegando às vezes no dia seguinte, extremamente bêbada e sem saber o que havia acontecido na noite anterior. Minha mãe estava sempre lá para me esperar, dizendo que não conseguira dormir a noite toda preocupada.

Acho que eu nem ligava se alguém estava preocupado ou não, só pensava que de quarta a domingo tinha muitos compromissos em baladas diferentes, com pessoas diferentes. Muitas vezes até dormíamos em calçadas ou em pontos de ônibus, esperando o primeiro "latão da manhã", como chamávamos os ônibus.

Fiz uma boa e verdadeira amiga na época, que nunca saía comigo à noite, mas sempre me encontrava logo após o trabalho no telemarketing. Íamos para um lugar específico no centro, onde não havia grandes grupos. Tinha um barzinho moderno no meio de uma praça, e costumávamos sentar lá para tomar uma cerveja e comer um lanche. Às vezes eu pagava, outras vezes ela. Dizíamos que íamos lá para filosofar sobre a vida, com conversas bem aleatórias.

— Se você pudesse ir embora daqui, para onde iria? — ela me perguntou.

— Eu não sei. Acho que nunca vou sair daqui! Nem precisa, aqui tem tudo! — retruquei.

Na verdade, uma parte de mim sonhava em explorar o mundo, conhecer lugares novos e viver aventuras. Mas, por outro lado, havia algo reconfortante em estar ali, cercada por pessoas que compartilhavam um pouco da minha loucura. Era um ciclo que me puxava, e eu não sabia se estava pronta para quebrá-lo.

Enquanto tomávamos nossas cervejas, ríamos das situações malucas que eu havia vivido e das pessoas que encontrava nas baladas. Cada história parecia mais exagerada que a anterior, mas essa era a beleza da nossa amizade: a capacidade de encontrar significado e diversão nas pequenas coisas.

— Sabe, eu acho que a gente deveria fazer uma viagem juntas um dia — sugeriu ela, tentando plantar a semente de uma ideia que poderia nos tirar da rotina.

Eu sorri como se já estivesse pensando na possibilidade.

— Seria incrível! Mas por enquanto vamos aproveitar o que temos aqui.

— Eu quero conhecer o mundo — ela dizia.

Para mim isso não fazia diferença, e eu não conseguia imaginar como isso poderia acontecer com o salário que ganhávamos. Achava que para ela seria mais fácil, já que estava fazendo faculdade de Administração e queria estudar Direito também. Ela estava sempre com um livro na mão e cheia de planos. Já eu não me achava inteligente e, como nunca faria uma faculdade, pensava que não sairia de Floripa. Sempre ouvia coisas como:

— A Júlia acabou de entrar na faculdade e está fazendo Arquitetura, a Carol fazendo Moda.

— Eu coloquei o Pedro na particular — falava a mãe de um colega.

Ninguém na minha família havia terminado nem o Ensino Médio, que dirá a faculdade. Alguns dos meus irmãos nem concluíram o Ensino Fundamental e, quando reprovei na segunda série, tive certeza de que era desprovida de inteligência, para não dizer burra.

— Faculdade? Ah, isso certamente não é pra mim! — eu sempre respondia.

Desde muito nova, sempre fui a líder de classe, a melhor jogadora do time de futebol, vôlei ou qualquer esporte. Inventava brincadeiras, fazia meus brinquedos, criava mapas de tesouro e até ensinei meus sobrinhos e irmãs mais novas a ler e escrever, usando pedaços de giz que pegava na escola. Chegava em casa e dizia: "Hora da escolinha! Vocês precisam aprender a ler e a conhecer os números. Olhem: 2 + 2 = 4!".

Ensinava a plantar feijão no algodão e ganhava os concursos de poesia da escola. Mas, por algum motivo, eu sempre me saía mal nas provas. Tentava conquistar as professoras com minha boa vontade de ir buscar as provas na máquina antiga, onde rodávamos a folha e ela saía com cheiro de álcool. Vendia todas as rifas do colégio e estava sempre na diretoria. Era muito popular e prestativa, mas minhas notas eram sempre muito ruins.

Comecei a crescer achando que não tinha capacidade de aprender. No entanto, quando estava na corda bamba para reprovar, estudava tanto que passava com nota máxima. Acho que a mistura de adrenalina e medo de ficar de castigo ou apanhar me motivava.

— Vamos comigo para Porto Alegre — disse minha amiga, depois de filosofar sobre o universo e a religião.

— Como assim? — perguntei.

— De ônibus mesmo, cinco horas e estamos lá.

— Vou precisar juntar uns dois meses para isso.

Fiquei ansiosa juntando o dinheiro do trabalho, que se dividia entre baladas, cerveja todo dia e os maços de cigarro que eu comprava um atrás do outro. Finalmente, saí de Floripa pela primeira vez para conhecer outra cidade, novas amizades, viver outra cultura e passar perrengue.

Como eu estava sempre um pouco entorpecida, era difícil lembrar claramente o que acontecia naquelas ruas escuras, com um letreiro piscando ao fundo. Todo mundo parecia sorrir e estar feliz. Via pessoas com 35, 50, 60 anos se comportando como eu, que acabara de completar 18. Eles estavam felizes porque podiam comprar tudo o que queriam, tinham trabalhos bem-remunerados, então aquilo era comum todas as noites.

Quero ser como eles, pensei, encantada com os sorrisos enquanto seguravam seus drinks elaborados, que custavam o equivalente a umas dez cervejas que eu costumava beber. Quando voltei, quis arrumar um emprego melhor, mas meu currículo não ajudava. Fiquei frustrada e continuei onde estava. Minha amiga começou a não ir tanto ao centro comigo e, como eu só encontraria meus amigos descolados à noite, decidi começar a ir à rodoviária de Floripa para conversar com qualquer pessoa. Sentia falta das filosofias da tarde com minha amiga. Chegava lá e imaginava que ninguém me daria abertura para conversar aleatoriamente, então comprava dois picolés:

um sempre de limão e o outro de chocolate, uva ou morango. Todo mundo sempre gostava.

COMO TUDO COMEÇOU

— Oi, tudo bem? Aceita um picolé? Comprei dois, mas está derretendo.
 — Sério? Obrigada, vou aceitar. — Todos aceitavam meio desconfiados.
 — Para onde você está indo? — eu perguntava curiosa.
 — Vou visitar minha família, que deixei há algum tempo quando vim tentar a vida aqui na alta temporada. Acabei ficando e faz tempo que não os vejo.
 — Sente saudade?
 — Sinto muita saudade. É difícil demais ficar longe da família.
 — Eu gostei da sua mala, nunca tive uma — eu disse.

Comecei a fazer isso repetidamente e conheci pessoas que vinham visitar amigos, amores ou apenas passear para conhecer as praias. Outras estavam tentando a vida fora, trabalhando, reencontrando ou se despedindo de alguém que perderam e a quem não puderam dar adeus.

Eram tantas histórias que comecei a pensar se um dia poderia sair dali também. Havia pessoas que vinham sem nada, apenas com a passagem, e dormiam na rua até conseguirem um abrigo. Achava aquilo uma loucura.

— Loucura é estar infeliz em uma vida da qual não gosto — me disse um rapaz que vendia artesanatos que ele mesmo fazia.

Você não percebe com clareza quando se torna autodestrutiva. A mente, que antes te orientava por dois caminhos, agora parece indicar apenas um – e ele não é seguro. É irritante perceber que suas inseguranças te tornaram frágil, mesmo que para os outros você pareça rebelde e forte.

Neste momento, você tem duas opções:

Opção 1: Esperar ser resgatado

Essa escolha pode parecer confortável, mas também pode te manter preso em um ciclo de espera e dependência. A verdade é que, às vezes, as pessoas ao nosso redor não percebem a profundidade de nossa luta interna e podem não estar em posição de nos salvar.

Opção 2: Se autorresgatar

Essa é a opção que exige coragem e determinação, mas é também a mais poderosa. Você tem a capacidade de mudar sua história. Reconheça suas fraquezas, mas não deixe que elas definam quem você é.

Quando você decide se autorresgatar, começa a reconstruir a sua força. Cada pequeno avanço conta. A escolha está em suas mãos: você pode ser o herói da sua própria história. Levante, lute e descubra a força que sempre esteve dentro de você. O caminho é desafiador, eu sei, mas também libertador.

Era dia de arrumar os armários e sempre que isso acontecia tínhamos que tirar tudo das gavetas, limpar e forrar com o velho jornal da semana passada. Tudo ficava devidamente organizado em pastas, as roupas eram separadas por cores e muito bem dobradas. Os casacos de inverno eram colocados na parte superior do armário, embalados, esperando o momento de serem usados.

Quando íamos limpar as gavetas do pai, eu costumava encontrar um pacote com vários maços de cigarro. E, quando não tinha, eu recebia uma gorjeta para ir à "venda" comprar – era assim que chamávamos aqueles minimercados que também funcionavam como bar. Quando não comprava cigarro para o pai, era para a vó ou para meu irmão mais velho. Às vezes, achava bonito e interessante ver aquela fumaça, apesar das reclamações da mãe.

Nesse dia, enquanto limpava uma das gavetas, decidi pegar um daqueles maços, sabendo que ele não sentiria falta. Eu devia ter uns 10 anos quando peguei uma caixinha de fósforos e fui para baixo da casa com minha irmã mais nova para experimentar o cigarro.

Naquele momento, não entendi a gravidade de acender aquilo embaixo de uma casa de madeira.

— Acho que tem que chupar — falei, me engasgando com o cheiro da fumaça.

— Se a mãe pegar, a gente vai apanhar — respondeu ela, assustada com a possibilidade de alguém aparecer.

— Vai logo — insisti.

Ela tragou e eu também, mas não parávamos de tossir ao engolir aquela fumaça. Não sabíamos fumar direito, e deixei o maço escondido lá, visitando-o de vez em quando, tentando fumar novamente.

Por volta dos meus 18 anos, quando definitivamente parei com os esportes e comecei a sair mais, voltei a tentar até aprender a tragar corretamente. O sabor já não era mais aquele horrível dos maços de um real que o pai comprava. Me ofereciam cigarros mentolados, o que tornava a experiência muito mais fácil. Não demorou muito para que eu me tornasse viciada, chegando a consumir dois maços por dia. A bebida aumentava consideravelmente esse número. Foi só no dia do enterro da vó, quando chegamos em casa, que acendi pela primeira vez um cigarro na frente da mãe. Ela estava tão destruída por dentro que parecia não ligar naquele momento.

Comecei a fumar com frequência em casa, e era impossível não notar a decepção no rosto da minha mãe ao me ver seguir por aquele caminho.

— Filha, você está fumando demais, para com isso — ela dizia, a voz embargada de preocupação.

Às vezes me dizia que eu ficava feia fumando, que o cigarro deixava marcas em meu rosto. Eu sabia que, de certa forma, ela estava certa, a fumaça se acumulava em meu cabelo e em minhas roupas. Senti que estava me perdendo dentro de mim mesma, como se estivesse vagando em um labirinto sem saída.

As noites se tornaram um ciclo interminável de festas e substâncias. Acordava assustada, meu coração acelerado, com alucinações constantes provocadas por tantas bebidas e entorpecentes alucinógenos. As paredes pareciam se mover e eu sentia um frio na espinha, como se algo estivesse me observando. Meu corpo se contorcia em espasmos, e foi então que percebi que estava há quatro dias sem dormir. O cansaço pesava nos meus olhos e eu tentei me olhar no espelho. Os olhos fundos e vermelhos refletiam uma imagem que eu mal reconhecia, era um sinal claro de que eu estava em decadência.

Naquela época, pesava cerca de 49 quilos, com 1,68 metro de altura. Meu corpo, antes saudável, agora parecia uma casca fina extremamente magra e perdida, como um espectro vagando à procura de um propósito.

Certa noite, enquanto me preparava para sair, vi o olhar de tristeza da minha mãe. Ela estava sentada à mesa, as mãos segurando uma caneca de café.

— Não volta tarde, você não para mais em casa, Gue — ela disse, a voz carregada de um desespero contido.

— Eu volto até meia-noite — respondi, tentando soar confiante, mas a verdade era que eu não sabia se voltaria.

No fim daquela noite, após quatro dias sem dormir, algo dentro de mim quebrou. Decidi que não tomaria mais nenhum daqueles entorpecentes. Era como se uma luz tivesse acendido, eu precisava de uma mudança, de um respiro. O cigarro continuou comigo por mais alguns anos, servindo como um companheiro silencioso em momentos de estresse e solidão, e a bebida também se tornou parte da minha rotina, mas de forma mais controlada, como um lembrete de que ainda havia limites.

Hoje, assim como antes, existem três tipos de adolescentes, cada um lidando com a transição para a vida adulta de maneiras diferentes. O primeiro é aquele que acredita que viver significa fazer tudo o que seus pais desaprovam, como uma forma de afirmar sua autonomia. Para ele a rebeldia é sinônimo de liberdade.

Agora eu posso tudo, sou maior de idade, é o lema que ecoa em sua mente, impulsionando-o a experimentar limites e a desafiar regras, muitas vezes sem considerar as consequências de suas ações. Esse comportamento pode resultar em experiências ricas, mas também em riscos que podem impactar negativamente seu futuro.

O segundo tipo é aquele que sente medo do mundo lá fora e se isola em seu quarto, cercado por telas, jogos e redes sociais. Esse adolescente, muitas vezes rotulado como antissocial, prefere a segurança de sua própria companhia à interação com os outros. O mundo virtual se torna um refúgio, onde ele pode se esconder das pressões sociais e da expectativa de se encaixar. No entanto, essa escolha pode levar a um ciclo de solidão e dificuldade em desenvolver habilidades sociais, essenciais para a vida adulta.

Por fim temos a terceira categoria: os jovens que já têm clareza sobre o que querem. Se dedicam aos estudos, tiram boas notas e buscam oportunidades, como estágios e trabalhos de aprendiz, com o objetivo de se tornar parte do mercado de trabalho. Esses adolescentes costumam tratar seus pais com respeito, reconhecendo o valor do apoio e da orientação que recebem. Eles compreendem que o sucesso não se resume apenas a conquistas acadêmicas, mas também ao desenvolvimento de relacionamentos saudáveis e à construção de uma rede de apoio.

Entretanto, muitas vezes a sociedade tende a rotular os adolescentes em caixas, como se suas trajetórias de vida fossem fixas e imutáveis. Essa categorização pode ser prejudicial, pois cria padrões que limitam as possibilidades de mudança e crescimento. Quando os jovens se veem presos a esses rótulos, começam a acreditar que não têm outras opções, o que pode levar à perda de sonhos e ambições.

Quando estabelecemos padrões rígidos, esquecemos que os seres humanos são adaptáveis e que a vida é repleta de incertezas e oportunidades para reinvenção. Um adolescente que parece ter a vida toda programada pode, em certo momento, sofrer um trauma, que o leva a questionar suas escolhas, e mudar de rumo. Por outro lado, aquele que é considerado desestruturado pode, em um novo ambiente ou com o suporte adequado, reencontrar seus sonhos e perceber que coisas boas também podem fazer parte de sua vida.

É fundamental reconhecer que a adolescência é uma fase de transição, cheia de desafios, mas também de oportunidades. Em vez de rotular, devemos apoiar os jovens em suas jornadas, permitindo que explorem suas identidades e se tornem a melhor versão de si mesmos. Afinal, cada adolescente é único e tem um potencial imenso de se transformar e florescer.

Por um longo tempo, acreditei que minha inteligência era limitada e que eu não merecia mais do que as sobras das escolhas erradas que fiz. A adolescência, que deveria ser um período de autodescoberta e sonhos, tornou-se uma fase confusa, na qual a menina sonhadora que eu era se perdeu em meio a um mar de inseguranças e frustrações.

Aos 18 anos, percebi que cheguei a um lugar que sempre imaginei ser o ideal, mas na verdade tudo aquilo vinha carregado de responsabilidades esmagadoras. Tive que me adaptar aos padrões da sociedade, como seguir regras, respeitar horários, tomar decisões e, acima de tudo, me mostrar alguém de confiança. No entanto, eu sentia que estava apenas flutuando em um vazio, sem saber como lidar com tudo aquilo.

A minha autoestima estava tão abalada que olhar para o espelho se tornou um ato doloroso, não me achava bonita e não reconhecia a imagem refletida. Em vez de ver uma pessoa com potencial, via cicatrizes invisíveis. Cada fracasso que vivenciei se transformou em um peso e as memórias desses momentos negativos me perseguiam, me fazendo sentir ainda mais perdida.

Relembrar as decisões erradas é muito mais difícil do que lidar com as decepções que vêm de outras pessoas. Ali não há como apontar dedos. A responsabilidade é minha e a voz interior que ecoava em minha mente dizia repetidamente: "Seja responsável pelos seus atos". Mas, em vez de me fortalecer, isso apenas alimentava um ciclo de autocrítica e desânimo.

A sensação de me mutilar emocionalmente me acompanhava. Ao evitar o espelho, estava de certa forma mutilando minha própria imagem, negando a beleza que poderia existir, mesmo com todas as imperfeições. Essa negação não resolvia nada, apenas me afundava em um abismo de insegurança e solidão.

A vida é uma montanha-russa de altos e baixos, e estou apenas começando a compreender que não estou sozinha nessa travessia. Embora você se sinta perdido agora, a busca por autoconhecimento e amor-próprio é a chave para romper com esse ciclo de dor. É hora de reconstruir sua autoestima, peça por peça, e finalmente se permitir brilhar, mesmo que isso signifique abraçar suas imperfeições.

> **Revisitar o passado é saber que você está pronto para reescrever a história, com todas as suas nuances, e, acima de tudo, estar determinado a aprender a amar a pessoa refletida no espelho.**

RETALHOS DE MIM MESMA

Eu a vi, tímida, sentada em uma das cadeiras, enquanto algumas pessoas olhavam e fingiam não estar reparando no seu corpo tomado por cicatrizes. Ao passar por ela, eu disse: "Já venho te atender, ok?".

Retornei rapidamente e me sentei no braço da cadeira em que ela estava, como se fôssemos íntimas de muito tempo.

— O que você aprontou aí? — perguntei, curiosa.

Ela riu com um ar de alívio. A mãe, que estava ao lado, também parecia aliviada e me disse que não era comum esse tipo de tratamento com a filha e que as pessoas costumavam olhá-la com outros olhos.

— Sou cabeleireira, então sou fofoqueira — brinquei. Ela riu e eu a interrompi, dizendo: — Não me conta nada, só quero saber quando entrarmos na salinha, aquela mesma sala de vidro que chamo de aquário.

A mãe dela chorou durante todo o atendimento, aliviada por terem me escolhido. Entrei na sala e perguntei:

— Agora sim, me conta o que aconteceu.

— Na véspera de Natal de 2018, eu sofri um acidente de queimadura, uma garrafa de álcool explodiu em cima de mim.

— Foi você quem jogou esse álcool?

— Não, não — ela repetiu duas vezes, com firmeza.

— Quando você se viu pela primeira vez depois do acidente, o que sentiu?

— Descobri a mulher forte que eu sou. Descobri a fortaleza que temos dentro da gente e que só vamos usar depois que acontece algo grave.

"Na hora do acidente, as chamas não paravam, o fogo não se apagava e a única coisa que consegui gritar foi: 'Socorro, Deus!' E, quando finalmente consegui pronunciar 'Deus', o fogo se apagou. Senti que Ele me escolheu para algo maior, então vou continuar batalhando e correndo atrás dos meus sonhos."

— Sempre que olhamos para uma cicatriz, não imaginamos a história que ela carrega. E você tem o corpo tomado de cicatrizes contando uma única narrativa. Dentro dessa única história, há fragmentos porque você passou por dez cirurgias. Quando você olha para elas, o que elas te falam?

— Eu sou feita de pedaços, de retalhos de mim mesma — respondeu, sorrindo, enquanto apontava para as enxertias em todo o seu corpo. — Isso aqui não me representa, é apenas matéria e fica aqui na terra. Inclusive, acho lindas as minhas cicatrizes. Consegui aceitá-las e estou indo para uma nova etapa da minha vida. É a minha história, representa cada picadinho que foi colocado aqui. Então, eu olho e digo: "Obrigada, Deus".

Chamei a mãe dela para ficar na frente do espelho e pedi que me falasse como se sentia naquele momento. Ela respondeu, secando as lágrimas:

— Ser mãe é maravilhoso, e eu só sei ser mãe. Chegou o dia de a Helô se sentar na frente do espelho sem chorar, sendo forte e decidida.

Coloquei minha capa na frente dela, pronta para a transformação.

A história da Helô me fez refletir profundamente sobre como somos continuamente moldados por retalhos. Cada mudança e cada escolha que fazemos são como fragmentos que vamos juntando ao longo do tempo, formando a tapeçaria da nossa existência. A superação dela é um poderoso lembrete de que nunca devemos desistir de nos amar e de nos aceitarmos plenamente.

Quando nos olhamos no espelho, é fundamental enxergar não apenas as marcas dos desafios que enfrentamos, mas também a força e a determinação que nos trouxeram até aqui. Cada cicatriz e cada parte da nossa jornada contam uma história de resiliência e coragem. É essa capacidade de nos reerguermos, de encontrar beleza nas nossas imperfeições, que nos torna verdadeiramente humanos. Em cada retalho há uma lição e em cada lição uma oportunidade de crescimento. A vida é uma constante renovação e cada dia é uma chance de nos reconstruirmos, mais fortes e mais autênticos.

Chegou o momento de aceitar que o passado não pode ser mudado. Não há como voltar atrás e reescrever sua história. Em vez de se perder em arrependimentos do tipo "e se", é hora de focar o que você pode fazer agora. O que realmente importa é a sua decisão de viver o presente. Essa escolha é poderosa e moldará quem você pode se tornar.

A vida é feita de ciclos e cada um deles traz suas próprias lições. Ao longo da jornada, enfrentamos desafios que, embora possam parecer insuperáveis, são oportunidades disfarçadas. Pense em momentos em que você se sentiu perdido ou desanimado. Esses momentos de turbulência podem ser o berço de grandes transformações. É nas dificuldades que nascem líderes visionários e inspiradores. Cada obstáculo que você encontra é uma chance de se reinventar e descobrir novas forças dentro de si.

Considere a história de Thomas Edison, o inventor que trouxe ao mundo a lâmpada elétrica. Edison enfrentou milhares de falhas antes de conseguir criar uma versão funcional da lâmpada. Cada tentativa frustrada não o desanimou, pelo contrário, ele as via como passos necessários para o sucesso. Edison acreditava que não havia fracassos, apenas experiências. Assim como ele, você também pode transformar suas experiências desafiadoras em trampolins para a vitória.

É natural sentir que em alguns momentos você pode ter desistido de si mesmo. Essa é uma crença limitante que pode ser profundamente enraizada. É uma armadilha mental que nos leva a acreditar que não somos dignos de sucesso ou de felicidade. No entanto, é essencial entender que esses pensamentos não refletem a realidade. São apenas histórias que você conta a si mesmo, muitas vezes como uma forma de autoproteção.

Você é mais forte do que imagina. Aí dentro existe um potencial imenso esperando para ser descoberto. Para acessá-lo comece a praticar a autocompaixão. Seja gentil consigo mesmo e reconheça que todos nós temos falhas e imperfeições. O importante é como você lida com elas. Em vez de se criticar, pergunte-se: "O que posso aprender com essa situação?". Essa mudança de perspectiva pode ser libertadora.

É fundamental agir. O simples ato de tomar uma decisão consciente de viver no presente é transformador. Faça uma lista de pequenas ações que você pode realizar hoje para se aproximar dos seus objetivos. Pode ser algo simples, como reservar um tempo para refletir sobre suas paixões ou dar um passo em direção a um sonho que você tem postergado. Lembre-se: cada pequeno passo conta.

==**Acredite em você e abrace o potencial que existe aí dentro. O futuro é moldado pelas escolhas que você faz hoje. Não permita que os fantasmas do passado ditem quem você é ou quem pode se tornar. O poder de transformação está em suas mãos. É hora de escrever o próximo capítulo da sua vida com coragem e determinação!**==

Baseada nas minhas próprias experiências, criei o quadro a seguir com algumas sugestões que podem te ajudar a lidar melhor diante de fases autodestrutivas.

COMO LIDAR COM FASES AUTODESTRUTIVAS

RECONHEÇA OS COMPORTAMENTOS AUTODESTRUTIVOS
Autoconhecimento: O primeiro passo é reconhecer quando você está se engajando em comportamentos autodestrutivos. Isso pode incluir autossabotagem, procrastinação, abuso de substâncias ou críticas excessivas a si mesmo.
***Journaling* ou escrita terapêutica:** Escrever sobre seus sentimentos e comportamentos pode ajudar a identificar padrões e gatilhos.
Buscar apoio: Fale com alguém; compartilhar seus sentimentos com amigos, familiares ou um terapeuta pode oferecer novas perspectivas e apoio emocional.

DESAFIE OS PENSAMENTOS NEGATIVOS
Reestruturar pensamentos: Quando perceber pensamentos autocríticos, tente reestruturá-los de forma mais positiva. Pergunte-se: "Isso é realmente verdade?" ou "Como eu falaria com um amigo nessa situação?".
Praticar a autocompaixão: Trate-se com a mesma gentileza e compreensão que você ofereceria a um amigo em uma situação semelhante.

CONSIDERE A TERAPIA
Terapia individual ou em grupo: Um profissional pode ajudar a trabalhar suas questões e desenvolver estratégias para lidar com comportamentos autodestrutivos. Participar de grupos terapêuticos pode oferecer apoio e encorajamento de pessoas que enfrentam desafios semelhantes.

SEJA PACIENTE E PERSISTENTE
Aceitar o processo: A mudança leva tempo e é normal ter recaídas. Seja gentil consigo mesmo durante esse processo e mantenha-se focado em suas metas.

FOQUE O FUTURO
Visualização positiva: Imagine a vida que você deseja e comece a dar passos em direção a ela. Concentre-se nas possibilidades em vez de nas limitações.

CAPÍTULO 6

LUZ E SOMBRA

> *"Maria, Maria, é um dom, uma certa magia, uma força que nos alerta. Uma mulher que merece viver e amar, como outra qualquer do planeta. Maria, Maria, é o som, é a cor, é o suor, é a dose mais forte e lenta de uma gente que ri quando deve chorar, e não vive, apenas aguenta. Mas é preciso ter força, é preciso ter raça, é preciso ter gana sempre. Quem traz no corpo a marca. Maria, Maria, mistura a dor e a alegria."*
> MILTON NASCIMENTO[5]

Era por volta das 23h30min quando fechei o salão na véspera de Natal de 2018. Dentro do carro, eu falava comigo mesma: *Se você pudesse voltar no tempo, você voltaria? Eu gostaria de poder dizer que sim, mãe.* Lembro da sua risada ecoando pela casa, do cheiro do seu perfume que sempre me fazia sentir segura. Ainda carrego essa fragrância comigo até hoje. Aquelas tardes ensolaradas em que você me ensinava a cozinhar, suas poucas histórias de vida e os conselhos que pareciam simples, mas sempre carregavam uma verdade profunda. Agora, essas lembranças são como tesouros guardados, mas também trazem uma dor imensa.

"Quando eu morrer, vocês vão sentir falta", você dizia e agora cada uma dessas palavras ressoam em mim como um eco. A saudade é um peso constante, uma sombra que não me abandona. Cada vez que olho para o passado, sinto um vazio. Por que não te ouvi mais? Por que deixei de lado momentos que agora gostaria de reviver?

---

[5] MARIA, Maria. Intérprete: Milton Nascimento. *In*: Clube da Esquina 2. [s.l.]: EMI Music Brasil, 1978.

Eu sei que você também entendeu essa dor. Você perdeu sua mãe, e isso moldou a mulher incrível que se tornou. Você sempre falava sobre como a ausência dela a ensinou a valorizar cada instante, a abraçar a vida com intensidade. Você sempre se manteve firme, ensinando a enfrentar a vida com coragem. Sinto sua falta.

Às vezes me pego desejando mais um momento, mais uma conversa, só mais um abraço. Você sempre soube como as coisas seriam, não é? Sua sabedoria e fé eram inabaláveis. Você tinha uma certeza sobre os planos de Deus para você.

Eu tinha acabado de chegar da escola naquela tarde nublada, ainda vestindo meu uniforme, estava indo deixar a mochila no quarto. Enquanto eu caminhava em direção à porta, algumas crianças passaram em frente à nossa casa. Eu as conhecia porque moravam no final da rua, subindo o morro, em uma casa bem simples. Elas sempre passavam pedindo algo para comer, com olhares famintos e sorrisos tímidos. Naquele dia, percebi que estavam especialmente sujas, com roupas velhas e rostos empoeirados, resultado de mais um dia nas ruas.

Minha mãe perguntou às crianças se queriam almoçar.

— Mas mãe, eles nem são da nossa casa, estão todos sujos — eu disse, com um preconceito que eu mal entendia.

— Como é que é? — ela respondeu, espantada, sem acreditar no que eu tinha dito. Então, com um olhar firme, continuou: — Levanta da mesa agora e senta no chão. Quem vai comer no chão é você. Eles não são diferentes de você, o que está pensando, garota?

Aquelas palavras me atingiram como um soco no estômago. Eu queria chorar, mas o que senti foi raiva daquelas crianças. A raiva de não entender por que elas estavam ali, de me sentir envergonhada pela minha própria reação.

Depois do almoço, minha mãe se sentou comigo e começou a me contar sobre sua própria infância. Ela falou sobre as dificuldades que enfrentou e sobre os momentos em que não sabia se teria o que comer no dia seguinte. A cada palavra, eu sentia meu coração se apertar.

E assim era também quando íamos ao centro da cidade. Assim que chegávamos lá, eu pedia um calzone que adorava. Sempre havia crianças pedindo algo para comer e minha mãe imediatamente ia comprar um calzone para elas, fazendo com que se sentassem à mesa na mesma hora. Acredito que o fato de ter passado por necessidades a fazia ter esse desejo de ajudar os outros, como se quisesse, de alguma forma, resgatar a criança que ela mesma foi e que não recebeu a mesma ajuda.

— Nunca negue comida pra ninguém — dizia ela.

Aquelas crianças que antes eu via como diferentes começaram a ganhar um novo significado. A história da minha mãe me fez perceber que a solidariedade e a empatia são valores essenciais, que cada ser humano merece dignidade, independentemente de sua situação. A lição que ela me deu naquela tarde ficou gravada em minha memória, mudando a forma como eu via o mundo ao meu redor.

UM LEGADO DE VALORES

Era uma tarde comum em casa, mas aquele dia estava prestes a se tornar memorável. Meu irmão chegou com uma bicicleta que não era dele. A expressão em seu rosto denunciava uma mistura de orgulho e medo.

— O que você fez? — minha mãe perguntou, com uma combinação de surpresa e preocupação ao ver a bicicleta.

— Não fui eu quem roubou, eu comprei! — ele se defendeu, um pouco nervoso, tentando justificar a situação.

Naquele instante, um carro de polícia estacionou em frente à nossa casa, o som das portas se fechando ecoando na nossa tranquila rua. A tensão aumentou.

— Se esconde no banheiro! — ela gritou, e eu o vi correndo e se escondendo atrás daquelas cortinas de plásticos floridas que dividia o box do vaso sanitário.

Um dos policiais se aproximou e bateu à porta.

— Senhora, estou procurando um rapaz que está com uma bicicleta roubada. — Ele olhou ao redor, como se estivesse avaliando a situação.

— Eu não sei do que você está falando — disse ela, olhando firmemente para o policial, enquanto indicava com os olhos a direção onde meu irmão estava escondido.

Às vezes, eu me perguntava de onde vinha tanto senso de justiça a ponto de arriscar até mesmo o próprio filho. Para minha mãe, a honestidade era uma questão de honra, e eu sempre admirei isso nela. Sua postura firme, mesmo em situações complicadas, era inspiradora.

Lembrei de um episódio que exemplifica bem essa característica. Certa vez um homem entrou no bar azul da antiga casa e roubou uma linguiça pendurada na parede. Assim que ela percebeu, desenrolou o cabo da vassoura e saiu correndo atrás dele. Quando conseguiu alcançá-lo, quebrou o cabo em três nas costas dele e gritou:

—Poderia ter me pedido, mas roubar não!

A cena foi impressionante. Ela não só defendeu o que era certo, mas também mostrou que a dignidade e o respeito pelo próximo eram valores que ela levaria até as últimas consequências.

Aquela mistura de emoção e coragem sempre me deixou admirada. A determinação em lutar contra as injustiças, mesmo que fosse em nome de um estranho, me ensinou lições valiosas sobre moralidade e empatia. E, mesmo nos momentos mais difíceis, sua força e senso de justiça tornavam nossa casa um lugar onde a honestidade e o respeito eram sempre priorizados.

Cresci observando uma mulher forte e trabalhadora que acordava todos os dias às 5h30min. Começava o dia preparando o café da manhã, depois ia lavar a roupa à mão, estender com todos aqueles grampos pendurados na sua regata azul, limpava casa, matava galinhas e porcos para o almoço e fazia seu próprio sabão em um tacho preto que parecia nunca esvaziar. À tarde, sovava o pão, sempre pensando no café com pão quentinho que viria a seguir. O dia dela era uma sequência interminável de tarefas: preparar bolos, sair para trabalhar, cuidar dos filhos, recolher as roupas, lavar a louça, preparar o jantar e arrumar tudo antes que todos se acomodassem para descansar. Era sempre a última a tomar banho, finalmente se permitindo descansar à meia-noite.

O maior orgulho da vida dela eram os oito filhos. Não importavam nossos defeitos, éramos suas crias e ninguém além dela tinha o direito de criticar. É claro que não éramos fáceis. Tinha sempre uma varinha quebrada de uma árvore no quintal pronta para nos lembrar das regras. Eram outros tempos, hoje já se sabe que o uso de palmadas como método educativo pode ser prejudicial para o desenvolvimento emocional e psicológico das crianças. Naquela época, eu sempre dava um jeito de quebrar antes que ela pudesse usar porque sabia que, até ela pegar outra, eu ganharia algum tempo. Quando ela queria nos castigar na hora, pegava uma nova da árvore e não tinha tempo para limpar as folhas do galho, o que amortecia a dor das chicotadas. Nunca senti raiva desses momentos, mesmo recebendo castigos que iam desde a proibição de brincar, palmadas ou chicotadas com a varinha. Era comum educar as crianças daquele jeito e essa responsabilidade geralmente recaía sobre as mães. Aprendíamos a não responder ou interromper enquanto um adulto falava e não podíamos dormir sem antes pedir a bênção.

"DEUS TE ABENÇOE, MINHA FILHA"

Essas memórias são um reflexo de uma época em que as lições de vida vinham acompanhadas de dor e amor. Elas moldaram quem eu sou, mesmo que na época eu não entendesse o impacto que tinham em mim.

Quando cresci um pouco mais, comecei a trabalhar com a mãe nas faxinas das grandes casas que ela limpava e das quais cuidava. Ela queria ter seu próprio dinheiro e não depender do pai, que apenas dava o suficiente para a semana e para pagar as contas. Sempre a vi contando o dinheiro na esperança de que sobrasse algo para ela, o que raramente acontecia.

Então buscava alternativas e seu vício eram os "jogos de bicho" escritos em papel de pão. Eu não entendia como ela conseguia ganhar tantas vezes. Com o que arrecadava, conseguia pagar uma conta de luz atrasada ou chegava do centro da cidade com algum presentinho para nós: uma blusa nova, um short ou um calçado, ela sempre dava um jeito. Fato é que nem naquela época e nem hoje os jogos de azar deveriam ser uma fonte de renda complementar.

AMADA POR TODOS

A nossa casa vivia cheia de ex-namorados das minhas irmãs, junto com os novos, amigos de todo mundo e inquilinos que se tornavam amigos. Todos entravam e saíam, sempre perguntando: "Tua mãe tá aí?".

Os domingos eram os dias mais legais porque fazíamos churrasco. Eu a via passando com aquele espeto na mesa, cortando um enorme pedaço de carne e colocando no prato de cada um. As risadas, todos conversando, servindo as comidas, gente entrando e saindo, parecia uma festa. E à tarde acontecia o famoso bingo.

— Quem vai jogar? — perguntava ela. Ninguém tinha coragem de negar, afinal, esse era o único momento em que a víamos relaxando e se divertindo.

Mas, à medida que todos nós fomos crescendo, os almoços começaram a diminuir. Em algumas ocasiões, quando ela perguntava quem ainda iria jogar, todos se dispersavam. Ainda me pego perguntando: *Por que não joguei mais vezes? Por que não passei o dia todo ao lado dela?*

A casa de madeira já não comportava mais a nossa família, e eu sugeri à mãe e ao pai que nos mudássemos para as kitnets:

— Se colocarmos um corredor enorme ligando todas elas, teremos uma casa grande. — Modéstia à parte, a ideia foi ótima e eles a aceitaram. Mas, pouco antes de isso acontecer, a mãe subiu para o andar de cima das kitnets e, ao descer pela escada lateral que não tinha proteção, sentiu uma tontura e caiu de cabeça do segundo andar em um corredor de pedras. Eu estava na varanda e vi o impacto da sua cabeça no chão.

— Mãeeee!!! — gritei, já chorando.

Ela se levantou dizendo que estava tudo bem e foi tomar seu banho.

— Vamos ao médico, mãe — diziam minhas irmãs.

— Estou bem, não vou ao médico, já disse! — respondeu, brigando com elas.

Exatamente uma semana depois, quando ela foi a uma feira de frutas, caiu e não se lembrou de mais nada nem de ninguém. Já no hospital, os médicos disseram que ela poderia ou não voltar a se lembrar das pessoas.

Eu e minha irmã fizemos uma promessa para a santinha dela, Nossa Senhora Aparecida. Dizíamos que, se ela voltasse a lembrar, seríamos filhas melhores e que acenderíamos muitas velas nos santuários que frequentávamos quando éramos pequenas.

Eu a via na cama e falava:

— Mãe, não precisa mais lavar a roupa, hoje eu lavei tudinho.

Subia no tanque para lavar roupas, louças e fazer tudo o que ela fazia e que tanto pedia ajuda, enquanto eu ajudava de má vontade. Estava morrendo de medo de perder a mãe, um medo que me perseguiu a vida toda. Sempre a olhei com a sensação de que poderia perdê-la a qualquer momento. Ela se recuperou, mas ficou com uma pequena sequela no olho e com uma tontura frequente ao se levantar rápido.

A sensação era de que ela tinha vindo ao mundo para algumas missões específicas: ser mãe de todo mundo, ensinar a ter caráter e honrar os vivos e os mortos. Com a mãe, fui a mais velórios do que aniversários. Ela estava sempre presente nas despedidas, tanto de pessoas próximas quanto de outras que não eram tão íntimas, e sem dúvida sabia da vida de todos. Adivinhava se ia chover ou se o vento sul estava chegando.

Ela tinha muito medo de ventos fortes; por outro lado, caminhava no meio das tempestades. Minha mãe parecia forte, mas no fundo era frágil. Eu a vi chorar algumas vezes na cozinha depois de brigar com algum filho por causa de alguma ingratidão. Ela nunca soube dizer "te amo" com palavras, sua forma de amar era o cuidado. Como você sabe, o pai não era uma pessoa fácil e sei o quanto ela sofreu com suas agressões físicas e verbais. Mas, ainda assim, ela era amor.

Quando me mudei para o Rio, parecia que, de certa forma, eu e ela tínhamos ficado mais perto. Nos falávamos todos os dias, antes da novela das 21h ou logo depois, e esses momentos se tornaram um ritual sagrado. Ela me contava tudo o que estava acontecendo com todo mundo em casa, desde os pequenos acontecimentos até as fofocas que circulavam no bairro. Até mesmo pessoas que eu não conhecia ganhavam vida em suas histórias, como se cada um fosse parte de um grande enredo familiar.

Com o tempo, ela começou a ficar muito doente. Por um ano, foi a médicos, passando por exames e consultas, tentando descobrir as dores persistentes que a atormentavam e o caroço que havia surgido perto do pescoço. Estava cada vez mais cansada, tentando manter a essência que sempre teve, mas a preocupação era nítida em sua voz.

Então, no dia 7 de julho, aniversário de um dos meus irmãos, ela recebeu uma ligação com o diagnóstico da biópsia que havia feito. A atmosfera celebrativa do dia se dissipou como fumaça.

— Falei para vocês que eu tinha câncer — disse ela, ainda firme, como se quisesse preservar a força que restava. Sua voz tinha um tom de aceitação, mas eu sabia que por dentro ela estava lutando contra um turbilhão de emoções.

Uma semana antes da descoberta, em uma daquelas ligações habituais, ela me contou algo que me deixou inquieta:

— Filha, a mãe teve um sonho, mas não era bem um sonho porque a mãe estava acordada. Tinha um anjo branco vindo na minha direção, mas, quando chegou perto, não era um anjo, era você, filha, e você me disse: "Eu cheguei, mãe".

— Eu, hein, mãe, que história doida! Vê aí o que é isso pra jogar no bicho — disse, brincando para tentar aliviar a tensão.

Ela adorava contar esses sonhos, sempre acreditando que tinham um significado especial. Dizia que os sonhos lhe davam os números do jogo do bicho e que por isso sempre ganhava. Às vezes, eu acordava e ela me perguntava:

— Sonhou o quê?

Eu contava o sonho e ela, com um brilho nos olhos, dizia:

— Isso é cobra! — E jogava, rindo e confiando que seria vencedora.

Mas, no dia em que recebeu a notícia, o aniversário do meu irmão não teve mais o mesmo clima. A alegria que costumava preencher a casa nessas datas se transformou em um silêncio pesado. A mãe, com 66 anos, estava notavelmente cansada da vida, e sabíamos que a quimioterapia não seria fácil. O peso da incerteza pairava no ar, e cada um de nós tentava encontrar uma forma de lidar com a dor que se aproximava.

No dia seguinte, ela caiu. Não era mais a mesma, tinha perdido suas vontades e sua essência vibrante. Lembrei das milhares de vezes em que ela dizia que Deus jamais a deixaria entrevada em uma cama.

— Antes de ficar assim, que me leve — ela costumava afirmar.

No dia 14 de julho, ela foi internada e, no dia 19, as ligações começaram a chegar.

— A mãe não está bem, você tem que vir — diziam meus irmãos.

— Eu não tenho dinheiro. Me ajuda, então — respondia com a preocupação crescendo em meu peito.

Meu aluguel estava atrasado, e eu ainda lidava com algumas dívidas de empréstimos que havia feito com um amigo para fazer uma surpresa para ela.

Quando cheguei, estacionei um táxi na porta de casa.

— Gue? — ela me olhou radiante, toda feliz.

Saiu ligando para todo mundo, dizendo que sua filha cabeleireira tinha vindo do Rio de surpresa para passar um tempo com ela. Prometi que um dia ganharia muito dinheiro para que ela não precisasse mais se preocupar com contas e pudesse dormir tranquila.

Aqueles dias que passei com ela foram incríveis, mas tive que voltar para o Rio, ainda com a dívida do empréstimo em mente.

— Falei com ela, e ela disse que vocês estão exagerando — comentei com um dos meus irmãos.

Mas infelizmente eles não estavam exagerando. Na noite seguinte, dia 21, liguei para ela naquele horário habitual.

— Mãe, eles conseguiram comprar a passagem para o dia 25, mas se quiser, eu vou antes — disse, tentando convencê-la.

— Você não tem dinheiro para nada, não ouça seus irmãos. Você vai chegar no dia 25, antes disso, não — ela respondeu, com a voz fraca, mas firme.

No dia 23, ela chegou a me ligar, mas não pude atender na hora porque estava fazendo uma progressiva em uma cliente em casa. Assim que terminei, retornei a ligação e quem estava com ela informou que já tinha adormecido, pois estava muito cansada.

Na manhã seguinte, o telefone tocou às 9h, e o DDD era 48. Aquela não era a hora habitual em que eles costumavam me ligar. Meu coração acelerou instantaneamente e olhei para o céu, dizendo:

— Você não fez isso — retruquei a Deus, sem acreditar no que poderia estar acontecendo.

Atendi ao telefone e ouvi minha irmã do outro lado soluçando:

— Gue, a mãe foi pra UTI. Ela está muito mal, você precisa correr.

— O que você quer que eu faça? Não tenho dinheiro, não tenho cartão! Me ajuda! — gritei, entre lágrimas.

Eles desligaram para correr e tentar conseguir um cartão ou dinheiro emprestado e, meia hora depois, conseguiram comprar uma passagem para o fim daquele dia. Comecei a arrumar a mala, colocando dentro dela produtos para progressiva e materiais de trabalho, convencida de que ela ia ficar boa e eu ficaria com ela por um bom tempo.

A cada ligação, recebia notícias de piora e meu desespero só aumentava.

SE VOCÊ EXISTE, ENTÃO FALE COMIGO!

— Eu sabia! Você não existe! — gritava para Deus, do lado de fora de casa. — Se Você existe, vai deixá-la viva ou pelo menos permitir que a filha se despeça dela.

Não obtive resposta. Apenas o silêncio e um vazio imenso no peito, como se estivesse sendo esmagada.

— É tão fácil para Você ficar em silêncio, não é? Aí de cima, olhando para nós como se fôssemos apenas peças em um jogo! Você realmente se importa ou está apenas se divertindo com nossa dor? — continuei com raiva de Deus.

"Me responde! Como Você pode ser tão indiferente? Eu duvido de Você! Duvido da sua bondade! Se realmente existe, por que não faz nada? Por que não aparece e me diz que tudo vai ficar bem? Ela confia em Você, sabia?"

Eu olhava para o céu com olhos inchados, coração acelerado, esperando ver qualquer sinal, mesmo dizendo que não acreditava na Sua existência.

Um vizinho me viu gritando e chorando e se ofereceu para me levar até o aeroporto. Entrei no carro e não parei de chorar um só segundo. Cheguei lá e, pela primeira vez na vida, pediram que abrisse minha mala. Retiraram todos os meus produtos, alegando que eram perigosos. Resumo: perdi tudo o que tinha para trabalhar.

Entrei no avião rumo a Floripa e, por volta das 22h, a aeronave enfrentou uma turbulência. O voo demorou mais do que o previsto para pousar em São Paulo, onde eu pegaria a conexão para Floripa.

Desembarquei e fui informada de que o avião já tinha fechado as portas e que eu não poderia embarcar. Eu não acreditava no que estava acontecendo. Comecei a ligar para todos, desesperada por notícias, mas ninguém atendia. Meu coração disparava a cada toque sem resposta, até que, finalmente, meu cunhado atendeu, perguntando onde eu estava.

— Estou em São Paulo e vou ter que dormir aqui. Chego só amanhã — respondi com a voz trêmula e, então, perguntei, ansiosa: — E a mãe?

Ele desligou na minha cara, sim, e o desespero tomou conta de mim. Voltei a ligar, com o coração acelerado e as lágrimas já escorrendo pelo rosto.

— Gue, vem com calma. Sua mãe descansou — ele disse ao atender novamente.

— Como assim, descansou? Ela está se sentindo melhor? — perguntei, sem conseguir acreditar.

— Ela faleceu, Gue — ele falou, com uma voz calma, mas que cortou como uma faca. A hora registrada do falecimento da minha mãe bate com o momento da turbulência do avião.

Aquelas palavras ecoaram na minha mente, e eu comecei a gritar no aeroporto. A solidão naquele lugar, repleto de pessoas indiferentes, foi uma das piores sensações que eu vivi. Ninguém se aproximava para me perguntar se eu queria sentar, se precisava de água ou mesmo se estava bem.

— Desculpa — eu falava para o meu pai ao telefone, lamentando não ter chegado a tempo.

— Não podemos fazer mais nada — ele respondeu.

Naquele dia, a companhia aérea anunciou que teríamos que passar a noite em um hotel e sair pela manhã. Com lágrimas nos olhos, fui buscar minha mala que havia sido extraviada. Tudo dava errado. Como fui uma das últimas a chegar, quando pedi um carregador de celular emprestado, a recepção já não tinha mais nenhum disponível. Passei a noite em estado de pânico, sem poder me comunicar com ninguém para economizar a carga do celular.

— Ah, sim, o famoso "plano maior". É isso que Você chama de conforto? Eu não quero saber de planos! Eu quero minha mãe de volta! Eu quero que a dor acabe! — continuei discutindo com Deus, agora no quarto. — Eu quero respostas! Como Você pode deixar isso acontecer? Por que não responde?! Estou aqui, gritando, e tudo o que recebo é esse silêncio!

Na mesma hora em que aconteceu a turbulência, no Rio de Janeiro uma pessoa recebeu uma carta com a missão de ser entregue a mim:

— Entregue essa carta para a Gue, eu não sei por que, mas Deus pediu que ela a recebesse.

Naquela época, não havia essa comunicação instantânea quando alguém falecia, todos ficavam sabendo horas depois. Minha mãe havia falecido por volta das 22h, e a carta chegou logo em seguida, escrita por um conhecido e entregue à minha amiga, que tinha a missão de me entregar em mãos.

O título dizia: "A carta para uma filha". Não a li naquela noite nem no dia seguinte ao chegar a Floripa. Desci na rodoviária e minha mala continuava extraviada. Cheguei no dia 25 de julho, exatamente como minha mãe havia dito que eu chegaria, nem antes nem depois. Entrei no carro com minha irmã caçula, meu cunhado e meu sobrinho e fui até onde ela já estava sendo velada pela manhã. Meus irmãos contam que, assim que me aproximei do local do velório, desci do carro ainda em movimento e fui em direção ao caixão dela, dizendo: "Eu cheguei, mãe", da mesma forma que ela havia sonhado semanas antes.

ORGULHOSAMENTE VESTIDA DE MARIA

Era uma terça-feira de 2000, e a professora disse que teríamos que desfilar de acordo com a profissão da nossa mãe ou do nosso pai. Naquele dia acordei com uma mistura de empolgação e nervosismo e fui até minha mãe.

— Mãe, posso pegar uma roupa sua que tenho que levar pro colégio? — perguntei, ansiosa.

Ela disse que sim e me deixou escolher uma peça.

— Não pega roupa muito velha — disse ela.

Coloquei a roupa dentro da mochila e fui para a escola, imaginando como as outras crianças iriam se vestir. Embora estivesse um pouco insegura sobre o que as pessoas iriam pensar, senti um orgulho imenso de quem eu iria representar.

Minhas amigas estavam se preparando com roupas superlegais, uma delas até colocou um salto alto da mãe, tentando andar sem cair, o que fez todos rirem. Quando chegou a minha vez, entrei desfilando com a profissão da minha mãe e como ela se vestia todos os dias.

— Vestida de Maria — a professora anunciava, enquanto eu caminhava com o short de lycra, o chinelo Havaianas branco de tira azul e a regata.

— Sua mãe é faxineira — completou a professora, e um sentimento de orgulho tomou conta de mim. Eu lembrava de todas as horas que minha mãe dedicava ao trabalho, limpando casas e mantendo tudo em ordem, sempre disposta a entregar seu melhor, apesar das dificuldades.

Lembro de olhar para as minhas duas irmãs mais novas, que estavam me vendo desfilar, com brilho nos olhos. Elas me observavam com admiração e naquele momento percebi que estava honrando todo o esforço que a nossa mãe fazia por nossa família. Sentia que, de alguma forma, aquele desfile era uma celebração do amor e da força que ela representava na minha vida. Lembrei das vezes que senti vergonha das roupas que usávamos, da casa em que morávamos, e hoje percebo o quanto tudo era bobagem.

A CARTA PARA UMA FILHA

Somos tão minúsculos nesta imensidão. Entendemos realmente o tamanho do mundo quando envelhecemos. Somos frágeis, indefesos e pequeninos; então, aqueles olhos grandes e brilhantes nos encaram como esferas reluzentes.

Você não compreende completamente o que tudo aquilo significa, mas é tão quentinho. Todo o desespero do frio congelante que bate na espinha parece se dissipar. Estou no colo de uma mãe, da minha mãe.

Crescemos, brigamos, nos abraçamos e, sempre nas datas especiais – Natal, aniversário, Dia das Mães – choramos como crianças. Com o tempo, nos achamos grandes e independentes. Gritamos com elas quando tentam nos impedir de fazer algo que desejamos muito. Usamos a frase: "Eu já sei me virar". É claro que eu não sabia me virar, e hoje sei disso.

Mesmo com tudo isso, com toda a história que foi escrita cuidadosamente num papel de pão, nunca contávamos com a morte. A mãe sempre escrevia seus números em papel de pão, o que tornou a carta ainda mais real para mim. A morte é como um convidado indesejado que aparece quando menos se espera. É um carteiro que traz um telegrama em tempos de guerra, entregando a má notícia. Nossa primeira vontade é gritar muito alto para que todos possam olhar e sentir nossa dor rugir através da garganta – uma dor que arde e queima.

Aprendi a sentir algo mais forte do que o amor: é a dor de perder o maior amor que Deus me deu: a minha mãe. Não estou falando de qualquer mãe, mas da melhor mãe. Porque a nossa sempre é a melhor, não é?

Pelo menos, na maioria dos casos. Perder aquela mulher que me aguentou a vida inteira, que suportou meus momentos terríveis e também celebrou meus momentos incríveis. Aquela mulher que me gerou, que me deu de comer, o que vestir e me ensinou tudo o que sei. Essa dor eu jamais poderia descrever.

Cada "sinto muito" é uma ardência no peito. Não queremos ouvir ninguém, só desejamos ter a mãe de volta. Um abraço, um sorriso, um beijo de boa-noite – qualquer coisa vale. Porque tudo parece vazio e cada dor que ressurge no peito é aguda e infinita. A sensação é de que não pude dizer adeus... e realmente não pude. Mas por que, Deus? Por que Você não me deixou dizer adeus? Então na carta Ele me falou:

> *Filha, ainda que você esteja 'descalça' e 'destruída', essa mulher que você diz que perdeu agora está comigo, vestindo um lindo vestido florido e esvoaçante, e seu sorriso é mais branco do que as nuvens do céu. Deixe-me entrar no seu coração, para que você tenha a certeza de que isso não é o fim. Sua mãe não quis dizer adeus a você, porque sabia que seu coração, embora forte e guerreiro, não aguentaria. Eu criei vocês, mulheres com dons, dons de serem mães e de conhecerem suas crias como ninguém. Sua mãe está bem, minha filha, muito bem, por sinal. Ela foi recebida pelos seus entes amados e agora está em seu processo de restauração. Minha filha, tenha paciência, você a verá de novo, eu lhe asseguro. Enquanto isso, guarde-me em seu peito, e eu lhe trarei paz. Sou eu... seu Pai... seu tempo... e sua consolação.*

Recebi uma carta de Deus e nela dizia que minha mãe estava bem. Ainda assim, sentia meu coração aflito e despedaçado, mas uma leve sensação começava a cortar os soluços que interrompiam minha respiração. Meu coração foi ganhando uma certa tranquilidade e meus olhos pesavam. O sono bateu e não consegui conter o cansaço que me faz cair na cama como um tijolo despencando de um prédio de vinte andares. Então, eu a vi. Caminhando com o vestido que Deus descreveu. Nossa! Como ela estava linda. Ao lado dela, vi homens e mulheres sorrindo e gargalhando sobre algo que eu não conseguia ouvir. Ela parou perto de uma árvore e me observou de lá. Eu queria correr e abraçá-la, mas sentia meus pés presos ao chão. Então ela sorriu. Pude ver o sol refletir em partes dos seus cabelos negros. Ela parecia muito mais jovem. Enquanto ainda me olhava, sussurrou as seguintes palavras: "Me perdoe por não conseguir me despedir. Eu não consegui. Vou te amar por toda a eternidade. Não chore. Estarei sempre contigo. Sempre".

Meus olhos ardiam de tal forma que mal conseguia mantê-los abertos pois as lágrimas embaçavam minha visão. Passei as mãos pelos olhos e acordei. Acordei? Meu coração disparado. Como o cansaço ainda estava presente, adormeci novamente. Desta vez, não sonhei. Quando finalmente acordei, senti meu coração um pouco mais leve. Eu sabia que ela estava ali e que sempre que precisasse dela seria nos meus sonhos que a encontraria.

O que posso dizer é que nada nesta vida – nenhuma ciência, religião ou teoria – pode explicar o amor de uma mãe por seu filho e a dor que um filho sente ao perder sua mãe.

Mãe, agora é a minha vez de escrever para você. Tenho certeza de que Deus vai intermediar a entrega desta carta.

Eu estou com você
Aquele dia em que voltei para casa com toda a família, menos você, foi o dia mais difícil da minha vida. O ar estava pesado, como se o mundo ao nosso redor tivesse perdido a cor. Eu ainda não tinha lido a carta e adormeci em um cansaço profundo.
Sonhei que você acordava, confusa, e percebia que tinha sido enterrada. Sua voz suave, ainda tão familiar, vibrava no meu coração: "Estou com frio". Naquele instante, a realidade me atingiu como um raio: quem estava presa era eu. Você, minha mãe, havia se libertado, cumprindo sua missão de amar e cuidar de todos nós com tanto carinho. Era eu quem sentia o frio cortante da solidão, um arrepio na espinha só de imaginar que passaria o resto da minha vida sem seus conselhos, sem seu olhar. Mas então, em meio à dor, uma luz. Finalmente compreendi que nós não havíamos nos despedido de verdade. Seu amor, forte e inabalável, con-

tinuaria a me guiar. Naquele dia, você me fez ver a profundidade do amor que tinha por ele, nosso Pai, e como esse amor se entrelaçava com o seu. O perfume das flores que cobriam seu lindo corpo no caixão invadiu meus sentidos, uma fragrância que agora não trazia tristeza, mas uma serenidade profunda. Você estava em paz, e eu precisava me lembrar disso.

Embora a vida tenha nos separado fisicamente, sinto que você está sempre comigo. A cada passo que dou, percebo sua presença, como um lembrete no meu coração. Você não se foi, você se tornou a força que me impulsiona, o amor que ainda me envolve, mesmo nos momentos mais difíceis.

Mãe, eu sei quando você está ao meu lado porque esse cheiro passou a ser só seu. Eu digo às pessoas:

— Sente esse cheiro de flores? — pergunto mesmo dentro de uma sala fria, sem nenhuma planta.

— Sim, é estranho, né? — eles comentam.

Então, explico para que não sintam medo que você está ali, ainda mais perto. Sempre que realmente preciso, sinto seu cheiro e me sinto segura. No dia seguinte, ao terminar de ler a carta, ouvi seu sussurro suave: "Eu estou com você". Naquele momento, uma onda de paz invadiu meu coração, e nunca mais me senti sozinha. Como você poderia saber o que eu precisava ouvir, escrito em um simples papel de pão?

Seus passos eu passei a seguir, não por meio de regras de religião, mas pela fé que você plantou em mim – uma fé que se tornou meu farol em meio à escuridão. O dia em que eu tive certeza de que Ele não existia se transformou em um despertar, quando percebi a força da sua presença em cada detalhe da minha vida.

Te amo!

Gue

Este capítulo não é apenas sobre religião, é sobre fé. É sobre acreditar que, mesmo nos momentos mais difíceis e dolorosos, existe uma luz que pode nos transformar. É a certeza de que, mesmo em meio à tempestade, podemos encontrar a calma e a esperança. Deus está conosco, pronto para nos guiar e nos ajudar a renascer.

AS SEMELHANÇAS

Passaram-se oito anos desde que ela se foi e, uma semana antes de escrever este capítulo, recebi uma cliente de 66 anos em meu salão – a mesma idade que minha mãe tinha. A veracidade de toda esta história pode ser encontrada em registros de vídeo nas minhas páginas. O interessante é que eu nem sabia da história que ela contaria, assim como tantas outras.

Ela se sentou na cadeira com um semblante triste e doloroso e começou:

— Eu perdi minha mãe, e quando você não tem mais pai e também perde a irmã, sua família fica muito pequena. Parece que seu eixo fica meio frágil. E eu ainda estou sentindo um pouco — disse ela, já sem conseguir conter o choro que estava preso na garganta. — Fez um ano agora em agosto. Eu não demonstro muito, mas a gente sente.

Suas lágrimas escorriam pelo rosto e a tristeza se aprofundava ainda mais em seu olhar distante.

— É como se eu não tivesse mais a família inicial, né? Eu fiquei só, com essa sensação de abandono — ela me dizia, soluçando.

— A saudade nunca vai passar, a gente aprende a ressignificar as coisas — falei, apenas para que ela pudesse ter uma pausa entre as lágrimas.

— Minha infância foi marcada pelo medo de ela ir embora. E às vezes, quando ela e meu pai brigavam, ela chorava muito e sempre dizia em voz alta que iria embora — confidenciou ela.

A expressão do meu rosto mudou instantaneamente, e falei para ela um pouco sobre a relação dos meus pais, destacando o quanto nossas histórias tinham semelhanças. A vontade de chorar embargou na minha garganta, mas eu não podia. Aquele era o momento de ela sentir o que precisava sentir e desabafar tudo o que estava dentro dela. Segurei a emoção e continuei ouvindo atentamente.

— Eu era muito pequena e lembro que sempre me segurava nela, com medo de me deixar. — O nariz vermelho dela escorria de tanto que chorava, ainda sentindo aquela dor tão recente. — Isso me marcou, marcou minha vida toda. Acho que é por isso que estou sentindo tanto, porque finalmente ela me deixou. Eu tinha um pavor incrível de ela ir embora e me deixar com ele. — Olhou para cima, como se buscasse na memória esses momentos que a machucavam tanto, enquanto as lágrimas desciam pelo seu rosto. — Eu só lembro que ficava segurando a saia dela para que, se ela fosse, eu conseguisse ir junto.

Perguntei qual lição sua mãe havia deixado em vida para que ela pudesse continuar vivendo.

— É continuar no eixo. Eu pretendo não me perder, porque estamos vivendo em uma sociedade em que as pessoas estão perdendo a conexão consigo mesmas — continuou. — A vida vai acontecendo, mas isso não deve modificar quem você é. E eu nunca deixei de ser quem sou. É isto que eu quero para os meus filhos: que eles vivam a vida deles sendo quem são até o fim, independentemente do que possa acontecer em nossas vidas.

Puxei a capa e, naquele dia, vi o sorriso de uma mulher absolutamente linda, pronta para ressignificar sua vida aos 66 anos.

Uns têm mais tempo, outros têm menos. Há aqueles que nunca chegaram a nascer, mas deixaram legados profundos, lições nas vidas daqueles que os cercam. E há os que passaram a vida inteira sem deixar uma marca, vivendo de forma superficial, como sombras que não tocaram o mundo. Então, o que realmente importa não é a quantidade de dias que passamos aqui, mas a profundidade com que nos conectamos com os outros e com nós mesmos, a intensidade com que escolhemos viver.

==A vida é um caminho repleto de nuances, em que cada momento é uma oportunidade única de transformação e aprendizado. Estamos prontos para relembrar, mas para isso precisamos, antes de tudo, assumir a responsabilidade de escrever nossa própria história. E não cabe a nós determinar seu tamanho ou forma, pois o valor de uma vida não se mede em anos, mas em experiências e significados.==

O medo será um companheiro constante na sua jornada. Ele não é apenas um obstáculo a ser superado, mas um catalisador que pode impulsionar suas ações e decisões. O medo nos desafia a mover os ponteiros do relógio, a enfrentar a incerteza e a buscar o desconhecido. O tempo não vai parar, ele avança, transformando cenários e revelando novas oportunidades a cada passo. E, enquanto o cenário da vida muda continuamente, a essência do que somos pode permanecer firme, desde que estejamos dispostos a nos confrontar com nossas verdades mais profundas.

A vida, em sua complexidade, nos convida a explorar as profundezas de nossa existência. Cada dia é uma nova página em branco, uma chance de escrever a história que desejamos contar. No final, o que importa não é apenas o que vivemos, mas como escolhemos viver – com coragem, autenticidade e amor. Ao abraçar a jornada com todas as suas incertezas e desafios, encontramos a verdadeira beleza da vida: a capacidade de renascer a cada instante e de deixar um legado que ressoe muito além de nosso tempo aqui.

Seja luz na sombra, mas não esqueça que a sombra ao seu lado mostra quanto você está vivo.

Seja luz na sombra, mas não esqueça que a sombra ao seu lado mostra quanto você está vivo.

ALÉM DA CAPA
@gueoliveira

CAPÍTULO 7

COLOQUE A MÁSCARA DE DESPRESSURIZAÇÃO

O mais perto que eu tinha chegado de um avião foi com 8 anos, durante aquelas visitas que minha mãe fazia com frequência aos cemitérios nos finais de semana, especialmente na semana dos mortos.

— Compra um daqueles pra mim, por favor — implorei, com aquele olhar de pedinte irresistível de criança.

— Você já tem pipa, é a mesma coisa — ela disse.

É claro que insisti até ganhar porque era muito diferente. O avião voava muito alto, era feito de isopor, não precisava de rabiola como as pipas que eu soltava e tinha desenhos incríveis. Chegando em casa, a primeira coisa que fiz foi colocá-lo no ar. Ele voou lindamente, se mexia de um lado ao outro, e eu sentia como se estivesse dentro dele. Até que bateu em uma parede e fiquei com medo de que tivesse quebrado. Por sorte, isso não aconteceu.

Então tive uma ideia: e se eu o desmontasse para fazer outros iguais? Assim eu teria um estoque. E, logo em seguida, me veio uma nova ideia: e se eu fizesse aviões para vender? Peguei o dinheiro que recebia de mesada – uns cinco reais por mês na época – e comprei duas folhas de isopor, que foram suficientes para construir mais três aviões. Fiquei com um e vendi os outros dois. A venda fez sucesso e comecei a fazer mais, virando uma "febre" entre as crianças.

— Olha como o meu avião voa! — eu disse, lançando o meu para cima.

— Uau! Eu quero um! Vou pedir dinheiro pra mãe — um amigo disse, com os olhos brilhando de empolgação.

— Vendo por 10 reais cada! — anunciei, me sentindo uma verdadeira empresária.

As crianças começaram a correr atrás de mim querendo comprar. Eu vendi todos rapidinho e logo todo mundo estava brincando com seus aviões de isopor. Mas, quando todos já tinham aprendido a fazer os seus próprios, eu parei de vender. Fiz um bom dinheiro com os aviões, mas, como não ganhava mais com eles, procurei outra maneira de conseguir meu dinheiro. Foi então que descobri, na rua de baixo, uma senhora chamada Dona Maria. Ela tinha um mercadinho pequeno e trocava jornais por doces. Um dia, resolvi ir até lá com alguns jornais velhos que tinha guardado em casa, até porque todo dia o jornaleiro jogava um novo pela manhã na varanda de casa.

— Dona Maria, posso trocar esses jornais por doces? — perguntei, um pouco tímida.

— Claro, quantos jornais você tem? — disse, pegando-os da minha sacola de plástico. — E o que você quer? Tem balas, pirulitos e maria-mole! — perguntou, com aquele vestido florido indo abaixo dos joelhos e cabelo preso em um coque todo penteado para trás.

— Eu quero balas! — falei, animada.

Peguei as balas que ela me deu e pensei: *Bom, isso não me traz lucro direto, mas pelo menos terei meus doces.* Mas, aí, comecei a vender as balas para as crianças da rua.

— Olha, eu tenho balas! — eu anunciava, e logo as crianças vinham correndo.

— Posso comprar uma? — perguntou a Ana, com um olhar curioso.

— Claro! São só 5 centavos. — respondi, tentando não parecer tão ansiosa.

— Aqui está! — disse ela, entregando a moedinha.

Quando as crianças descobriram que eu trocava jornais com a Dona Maria do mercadinho, correram até lá como se fossem atrás de um tesouro.

— Ei, você tem balas? — ouvi alguém perguntar. E, mais uma vez, minha renda extra desapareceu!

Fiquei olhando, meio triste, mas logo a ideia de criar algo novo começou a surgir na minha cabeça. Foi quando meu irmão trouxe um bonequinho feito de balão. Ele era tão colorido e divertido que eu não conseguia parar de mexer!

— Olha só que legal! — exclamei, segurando o bonequinho. Mas, enquanto brincávamos, o danado estourou e, para nossa surpresa, revelou que dentro dele tinha trigo!

— Uau, que estranho! — meu irmão disse, olhando com curiosidade. — Eu nunca tinha visto nada assim!

— O que você acha que devemos fazer? — perguntei, já com a cabeça cheia de ideias.

— Vamos tentar fazer mais bonequinhos! — ele respondeu, dando um sorriso. Nós nos animamos tanto que mal podíamos esperar para começar.

Para isso, precisávamos de algumas coisas. Fomos procurar balões em casa e logo encontramos uma caixa cheia deles, de todas as cores. Também precisávamos de trigo, que a mãe guardava na despensa. *Vamos pegar um pouquinho, só um pouquinho!*, pensei.

Depois compramos olhinhos de plástico em um saquinho. Eles eram tão fofinhos! Encontramos lã e cortamos para fazer os cabelinhos.

— Este aqui tem um cabelinho bem fofo! — eu disse, segurando nas mãos.

Assim que juntamos tudo, começamos a criar nossos bonequinhos. Cada um era vendido por 10 reais, e eu sempre recebia uma parte do lucro, porque ajudava a fazer tudo.

— Olha, estamos ficando bons nisso! — meu irmão disse, enquanto enchíamos mais balões e colocávamos os olhinhos.

O melhor de tudo era ver a alegria dos meus amigos quando compravam os bonequinhos. "Eles são tão legais!", disse um com um grande sorriso. Eu adorava ouvir isso. Cada venda era uma pequena conquista, e eu me sentia uma verdadeira empresária.

Sempre dava um jeito de vender alguma coisa. Talvez vender estivesse em minhas veias, já que vi minha mãe vendendo muito no bar. Ela tinha sempre um sorriso no rosto, e as pessoas adoravam conversar e comprar com ela. Eu queria ser igual, fazendo os outros felizes e ganhando um dinheirinho.

A DESPEDIDA E A MUDANÇA

O ano era 2010 e havia chegado o momento de me despedir de Floripa.

— Mãe, eu recebi uma bolsa de estudos no Rio de Janeiro para estudar sobre cabelos em uma escola muito conceituada. São poucas vagas e eu não posso perder essa oportunidade! — falei, tentando transmitir confiança, mas sentindo o coração acelerar. Mesmo já com meus 23 anos, eu sempre pedia permissão para ela.

— Com que dinheiro você vai? — perguntou, intrigada, sem acreditar que eu realmente iria.

— Ué, vou arrumar um emprego à noite. Assim consigo o suficiente para me manter lá — respondi, tentando soar convincente. Na verdade, eu não tinha um plano em mente, estava mais preocupada em deixar Floripa do que em como iria me sustentar.

Em Florianópolis, eu trabalhava como caixa em um restaurante chique, ao qual os clientes sempre chegavam bem-vestidos. A atmosfera não era de um lugar no qual eu me sentisse pertencente e a pressão era intensa. Logo, minha irmã começou a trabalhar lá também e ela era incrivelmente organizada. Em pouco tempo, assumiu meu cargo e eu fui deslocada para a balança, onde se pesavam as porções de comida. A chef era maravilhosa, e eu sempre esperava pelo fim do expediente, quando podíamos almoçar aquelas refeições deliciosas que ela preparava.

Não demorou muito até que eu conseguisse um segundo emprego vendendo sorvete em uma máquina na rua. Começava às 17 horas e ia até meia-noite, e a máquina ficava na porta de uma banca de jornais. Tinha um limite de casquinhas que eu podia errar, caso passasse, teria que pagar pelo sorvete. O pagamento era baixo, mas o trabalho me deixava animada. Eu nem pensava no quanto estava trabalhando, apenas precisava juntar o dinheiro necessário para minha nova vida no Rio.

Ao final daqueles dois meses de trabalho duro, eu havia juntado pelo menos 2 mil reais. Mandei o dinheiro para alugar uma casa no Rio, cujo aluguel era 250 reais. Mas, para garantir a casa, precisava dar um sinal de mais 250. A passagem custou 200 reais, e ainda gastei mais para fazer minha inscrição na escola de cabeleireiro.

— Você vai mesmo, filha? — minha mãe perguntou, com um olhar de tristeza que me fez hesitar por um instante.

— Claro, mãe! É a oportunidade da minha vida. Não está orgulhosa de saber que sua filha foi selecionada em uma escola tão renomada? Quem diria, né? Logo eu, que nunca fui a mais inteligente da turma. — Às vezes tinha a impressão de que ela sabia que eu estava mentindo sobre a seleção na escola. A verdade era que eu tinha medo de fracassar, mas não podia deixar que ela soubesse disso. Nunca contei para ela que eu não havia sido selecionada e que, na realidade, paguei para entrar na escola.

— A mãe vai te esperar se você quiser voltar, tá? — ela disse, chorando.

Eu tive um misto de sentimentos com a despedida. Nunca gostei de ver a mãe triste, que dirá chorando por minha causa. Enquanto eu arrumava minhas roupas em um saco preto, já que não tinha mala, ela apareceu com algumas panelas velhas.

— Mas eu nem tenho fogão lá ainda, mãe! — comentei.

— Leva, você vai precisar — ela respondeu, brava ao ver que eu estava partindo.

Deixar tudo para trás, olhar dentro dos olhos de cada um dos meus irmãos e meus pais foi uma das missões mais difíceis e desafiadoras da minha vida.

Quando entrei naquele ônibus, eu tinha mil reais no bolso, algumas panelas velhas e misturas de roupas dentro do saco preto, além de um sonho pulsando dentro de mim. Era a viagem mais louca da minha vida: estava indo para uma cidade grande que não conhecia, cercada por pessoas desconhecidas, sem saber o que me aguardava.

Desembarquei na rodoviária e vi uma frase pichada no muro: "Gentileza gera gentileza". Na época, eu não sabia que pertencia ao poeta Gentileza, mas aquela mensagem me trouxe certo conforto. Finalmente cheguei ao lugar onde as pessoas são felizes! Lembrei das novelas mostrando o calçadão de Copacabana, todos na praia tomando água de coco com seus corpos bronzeados.

— Volta pra realidade, Gue — dizia uma voz dentro de mim.

Então fui conhecer a casa onde iria morar, nos fundos da residência da proprietária. Era pequena, sem graça e nada aconchegante, cheia de regras que faziam parecer que eu estava entrando em um palácio. O espaço era tão pequeno e frio, mesmo com o calor que fazia naquele dia, e eu podia sentir as falhas nos azulejos do chão, que pareciam gritar por reparos.

No dia em que fui pegar a lista de materiais da escola na qual me inscrevi, quase tive um ataque ao ver o que precisaria comprar: uma blusa branca, a camiseta da instituição que eles vendiam, um secador de cabelo e uma série de outras coisas.

Com o coração acelerado, fui até o Saara, um famoso centro de compras no Rio. No final das contas, minha lista de compras ultrapassou 400 reais. Entrei em desespero. Eu morava em Campo Grande, um bairro distante, e teria que pegar várias conduções para o curso. O dinheiro que eu tinha não iria durar muito, com toda a certeza.

Desesperada, consegui um emprego como recepcionista em um salão de beleza em um shopping do Recreio. Fiquei aterrorizada ao descobrir que teria que chamar os profissionais através de um microfone. Minha timidez era tanta que, após apenas uma semana, desisti. Logo depois, encontrei uma nova oportunidade em um outlet próximo, vendendo roupas. Foi lá que vi algumas pessoas famosas pela primeira vez, o que me deixou ainda mais nervosa.

Minhas vendas não foram nada boas, na verdade, fui a pior da loja e não ganhei comissão. Acordava às 4h30 para ir ao curso com o estômago vazio e, durante o intervalo, quando saíamos para lanchar, as meninas conversavam animadamente sobre seus planos e conquistas, sobre o salão em que iriam trabalhar ou que iriam abrir. Enquanto isso, eu me sentia cada vez mais deslocada. O peso da pressão e da incerteza me acompanhava em cada conversa que ouvia delas. A vida na cidade grande estava sem dúvidas muito mais difícil do que eu imaginara. E, a cada dia, a distância entre o sonho que eu tinha e a realidade que enfrentava parecia só aumentar.

— Vai comer o quê?

— Tô sem fome — eu respondi, pedindo um cigarro para alguém, tentando disfarçar o rombo no meu estômago.

Mal podia esperar o fim do curso, ao meio-dia, para ir trabalhar, porque lá perto tinha um senhor que vendia salgados gostosos e um suco que oferecia de graça. Ele sempre estava no estacionamento, com sua bicicleta e uma grande caixa de isopor cheia de comida. Aquela era a minha única refeição do dia.

Passei por muitas situações difíceis no Rio, inclusive de assédio. É um assunto sobre o qual acho importante conversar, mas tento fazer com muito cuidado. Há muitas mulheres machucadas.

Depois do trabalho, muitas vezes chegava em casa à meia-noite ou à 1h. Na rua, parecia que era só eu e Deus. Entrava em um ônibus lotado e tentava sentar na frente, ao lado do motorista. Eu me sentia mais segura ali do que passando pela catraca e me misturando com todas as pessoas em pé na parte de trás. Só ia para o fundo do ônibus quando ele esvaziava e havia lugar livre.

Às vezes, eu enfrentava a situação de homens se aproximando por trás em ônibus lotados, encostando suas partes íntimas em mim. Uma experiência horrível e tão comum que, quando não acontecia comigo, eu via outras mulheres sendo vítimas dessa humilhação.

— O que você tá fazendo? Tá maluco? — eu dizia, sentindo um misto de medo e indignação. Ele fingia que não era com ele e se movia para outro lugar, como se não tivesse feito nada de errado. Outras mulheres, igualmente indignadas, começavam a gritar, chamando-o de estuprador. Em um desses dias, uma mulher, tomada pela raiva, até deu uma cotovelada no homem. Mas, mesmo assim, isso não parecia mudar a situação.

Aquele tipo de violência era extremamente nojenta e, infelizmente, comum em ambientes públicos como ônibus, metrôs e até nas ruas. Muitas mulheres enfrentam essa realidade diariamente, sentindo-se vulneráveis e impotentes. Esse assédio, muitas vezes minimizado, é uma forma clara de desrespeito e degradação.

O mais triste é que, em muitas dessas situações, ninguém faz nada. As pessoas ao redor, seja por medo de se envolver, indiferença ou crença de que não é seu problema, costumam ignorar o que está acontecendo. Essa omissão perpetua um ciclo de violência e assédio, em que os agressores se sentem encorajados a continuar suas ações.

No fundo, eu não tinha ideia da gravidade da violência que estava sofrendo. A maioria de nós não percebe que essas experiências cotidianas são, de fato, formas de violência. Muitas mulheres ainda não sabem que estão vivendo essa violência até hoje, acreditando que é apenas parte da vida em sociedade. Essa falta de reconhecimento torna ainda mais difícil a luta contra esse tipo de comportamento, que precisa ser urgentemente confrontado e combatido.

Isso me fez lembrar quando eu era pequena, por volta dos 11 anos. Um vizinho, que já não era de muita confiança porque mantinha a amante na frente da nossa casa, com um filho pequeno e a promessa de largar a mulher para ficar com ela, chegou em cima de um cavalo. Eu achei aquilo o máximo.

— Deixa eu dar uma volta — perguntei a ele, entusiasmada.

— Vem aqui — ele me disse, pegando-me pela cintura e colocando-me na cela, na frente dele.

Começou a cavalgar até o final da rua, e já estava anoitecendo. Na época, não havia muitas casas no final da rua. Ele virou e foi ainda mais para o fundo, onde não havia nenhuma casa. Tirou uma das mãos da rédea e me puxou mais para perto dele, passando a mão no meu órgão genital.

— Eu quero voltar — falei na mesma hora, muito assustada.

— Vou virar, segura — disse ele, com a mão lá.

Voltamos e eu fui para o banheiro chorar. Depois falei para meus pais, mas eles não acreditaram em mim. Meu irmão, sim, acreditou, e meus pais disseram para ele não fazer nada porque eu podia ter inventado. Mesmo assim, ele deu um tranco no cara e nunca mais olhei na cara dele.

Anos depois, aconteceu a mesma coisa com a minha irmã caçula, que foi trancada dentro de um quarto do professor de catequese. Ele tentou beijar e tocar nela. Ela escapou e foi chorando para casa, e meu irmão não se conteve e foi tirar satisfação. Não bateu no cara porque ele usava uma muleta e sabia que seria ainda mais julgado.

Repetidamente essas situações acontecem conosco, mulheres, e muitas vezes acabamos nos calando. E, quando falamos, somos geralmente desacreditadas. Mesmo assim, não podemos esconder esses abusos. Quanto mais escancaramos, mais movimentamos o mundo contra esse tipo de injustiça.

O MEDO TAMBÉM NOS CALA

Descia em um shopping na madrugada, sem ninguém no ponto, esperando a van passar. Era uma sensação estranha, só eu e Deus mais uma vez. O silêncio era perturbador, e a falta de movimento ao meu redor aumentava minha ansiedade. Quando a van finalmente chegava, eu respirava aliviada, mas a tensão voltava assim que eu descia.

Colocava a mochila nas costas e corria para entrar em casa, fugindo de algo invisível, mas palpável, um medo que me acompanhava como uma sombra. Essa mesma rotina se repetiu por três meses, e aquilo começou a se transformar em uma prisão. Com o tempo, percebi que duas parcelas da escola já estavam atrasadas, que não aprendia nada nas aulas e que não conseguia vender nada no trabalho. O pouco que comia e a falta de sono estavam me afetando muito, deixando meu corpo e mente exaustos. O medo de falhar, de não conseguir me sustentar, de não ter um futuro, se tornava cada vez mais opressivo.

Eu sabia que não tinha mais jeito. A ideia de desistir da escola acabava comigo, mesmo sem ter começado a experiência no salão. A frustração era uma companheira constante e, cada vez que me olhava no espelho, via um reflexo de insegurança e desânimo. Voltei para casa com o coração pesado e, quando liguei o computador, digitei descontroladamente as palavras: "Como mudar de vida?".

Palavras que refletiam minha angústia e um desejo desesperado de encontrar um caminho melhor, algo que me trouxesse mais do que apenas a luta diária para sobreviver. O medo de permanecer presa nessa rotina, de ver meus sonhos escorregarem entre os dedos, me empurrava a buscar respostas. Eu queria sair daquela escuridão, encontrar um propósito que iluminasse meu caminho e me mostrasse que era possível construir uma vida diferente, longe do medo que me paralisava.

Com um misto de desespero e esperança, digitei: "Corto cabelo a 25 reais, já inclusa a passagem." Bum! Postei!

Sabia cortar? Claro que não. Mas iria aprender na prática.

Para minha surpresa, apareceu um cliente e, apesar da minha inexperiência, fui até ele. O corte? Claro que não ficou bom. Eu não sabia cortar cabelo, como já disse. A realidade da minha falta de habilidade me atingiu como um balde de água fria. Mas, ao menos, voltei para casa com um lucro de 17,50 reais. A sensação de ganhar um dinheiro, mesmo que pouco, trouxe uma leve esperança.

No caminho para casa, passei no mercado e com o celular calculei cada produto que jogava na cestinha, para garantir que não ultrapassasse o valor que eu tinha no bolso. O medo de passar vergonha no caixa era paralisante, eu não queria que ninguém visse que estava contando os centavos.

Tinha dias em que apareciam clientes, mas já passei semanas sem nenhum. A sensação de incerteza era angustiante. Um dia comecei a oferecer progressivas por 60 reais. Chegava na casa das clientes e me deparava com cabelos enormes e volumosos, que consumiam todo o meu produto, voltando para casa com nada. Era frustrante perceber que, mesmo com tanto esforço, o retorno financeiro parecia distante.

Desesperada, pensei: *Já chega*. Concluí que cabelo não dava dinheiro suficiente. Então resolvi anunciar: "Faço transformação visual de bandas". Para isso, usei fotos de modelos que encontrei no Google, criando uma fachada de profissionalismo que não correspondia totalmente à minha realidade. Para minha surpresa, apareceram três bandas interessadas, e cobrei um valor que, ao menos, deu para manter as contas em dia por um mês inteiro.

Aos poucos, fui me virando, fazendo uns bicos aqui e outros ali. Entretanto, a vergonha ainda me impedia de aparecer em vídeos ou fotos, mesmo sabendo que isso poderia ajudar a divulgar meu trabalho. Ainda não me sentia confortável.

TENTANDO DE TUDO

Tempos depois, coloquei a mochila nas costas novamente e comecei a ir de casa em casa fazendo progressivas. À noite, voltava para a frente da igreja e vendia cachorro-quente com minha amiga. Aquela rotina me garantia o jantar. Eu ficava no caixa, vendendo refrigerantes e sucos, recebendo o dinheiro, enquanto ela montava aqueles *hot dogs* maravilhosos. Conheci muitas pessoas que passavam por ali, mas nunca me aprofundei na religião. O que ficou foi uma relação incrível com minha ex-sogra, que se tornou uma segunda mãe. Sempre que podia, cuidava de mim como uma filha, e isso me trouxe um conforto imenso. Na época, ela e a mãe se falavam às vezes e quando a mãe faleceu ela sofreu comigo como se também tivesse perdido a sua mãe.

Decidi desistir da estrada e passei a atender em casa. Falava às clientes para tomarem cuidado com o piso quebrado e, na hora de lavar os cabelos no tanque, precisava segurar a lanterna do celular para ver o que estava fazendo. O espelho? Era a porta do guarda-roupa que desencaixava e encostava na parede.

A cadeira era um pufe amarelo, todo rasgado, com arranhões de gatos. Confesso que cometi muitos erros durante esse período, mas, curiosamente, sempre apareciam novas clientes. Essas experiências foram valiosas, aprendi a lidar com as dificuldades e a ser criativa em um ambiente adverso.

Quando finalmente consegui arrumar um espaço melhor dentro de casa, eu mesma lixei as paredes, pintei, consegui comprar alguns móveis que mandei fazer de pallet, mas a alegria não durou nem oito meses. Fui ludibriada por um suposto sócio e logo depois apareceram mais dois. Três sócios diferentes, três lugares diferentes e uma dívida de 300 mil reais – um valor que na época parecia um mundo. Foi então que conheci a ansiedade. Logo em seguida, a depressão se instalou, mas eu ainda não sabia nomear o que estava sentindo.

Houve uma vez que, quando já estava trabalhando no salão, fiquei paralisada com uma cliente na cadeira, pedi licença para me afastar. Fui para a parte de cima, sem entender o motivo, e comecei a chorar. Esses momentos de fragilidade foram importantes para meu crescimento. Cada erro e cada desilusão trazia lições que, mesmo dolorosas, me ajudaram a entender mais sobre mim mesma e sobre o que realmente queria. Aprendi que o caminho nem sempre é linear, mas que cada desafio é uma oportunidade para recomeçar e se reinventar.

Eu estava cheia de dívidas, a ponto de não saber como pagá-las. A pressão era insuportável e as noites eram longas, não conseguia dormir por conta de insônia e preocupação. Em um momento de desespero, pedi a Deus uma direção. Naquela noite, uma ideia começou a tomar forma na minha mente: pensei em ligar para a mulher que havia vendido aquele ponto para meu antigo sócio e tentar negociar a dívida. Com o coração acelerado, peguei o telefone e, após alguns toques, ouvi sua voz do outro lado da linha.

— Olá, tudo bem? — perguntei, tentando esconder a ansiedade e, depois que me apresentei, comecei a falar: — Olha, eu não tenho dinheiro para te pagar agora, mas se você me deixar pagar mensalmente, prometo que em menos de dois anos eu quito tudo.

Depois de uma breve pausa, ela respondeu:

— Eu não sei por que, mas sinto uma coisa boa vinda de você. Vou aceitar sua proposta.

Aquelas palavras foram um alívio imenso, um peso saiu do meu peito. Ela então me pediu que entrasse em contato com o proprietário da loja para renegociar a dívida com ele também. Agradeci e desliguei, ainda em estado de choque pela resposta positiva. A partir daí, nossa relação se transformou e viramos amigas. Com o tempo, a confiança cresceu entre nós, e cinco anos depois, comprei um apartamento na planta com ela. Enquanto comemorava a conquista, ela olhou nos meus olhos e disse:

— Sempre soube que você daria certo.

O caminho tinha sido longo e difícil, mas eu finalmente comecei a ver a luz no fim do túnel. O apoio dela foi fundamental, e cada passo que dei desde aquele dia foi construído sobre a base da confiança e da resiliência. Aprendi que, mesmo nas situações mais desafiadoras, é possível encontrar aliados e oportunidades que podem mudar o rumo da nossa história.

Liguei para o proprietário e expliquei que não tinha como dar nenhum sinal nem pagar mais do que 1,5 mil reais de aluguel, pois ainda tinha que arcar com o condomínio. Ele ouviu atentamente e, depois de um momento de silêncio, respondeu:

— Olha, não faço isso com ninguém; mas, já que você está aqui, vou te dar um voto de confiança. A gerente do condomínio mencionou que você é esforçada.

Essas situações sempre aconteciam comigo, e a história se repetiu quando decidi sair do bairro de Campo Grande e me mudar para mais perto do novo salão. Encontrei uma casa que eu queria, mas o proprietário pediu três meses de sinal e precisava verificar a ficha.

— Vou ser honesta com o senhor — comecei a dizer, sentindo a sinceridade fluir. — Se colocar meu nome em análise, vai constar como sujo. Não é por mim, mas minha irmã fez algumas dívidas e nunca conseguiu pagar. Além disso, não tenho mais do que um sinal para te depositar — disse, abrindo minha conta do banco e mostrando a ele os extratos. — Inclusive, quando eu fizer isso, não sei como vou conseguir a mudança. Mas, se você confiar em mim, prometo que vou honrar meus compromissos.

Ele me observou por um momento, avaliando minha sinceridade. Então, com um sorriso, disse que sentiu uma boa energia vinda de mim e decidiu fechar o negócio.

Aquele momento foi transformador. Mesmo nas situações mais complicadas, a honestidade e a determinação podem abrir portas que pareciam fechadas. Com cada um deles, fiquei por cinco anos. Quando fui me despedir do proprietário da loja, ele me perguntou:

— Você tem certeza? Podemos negociar. Você sempre foi muito correta.

DÍVIDAS EMOCIONAIS

Em certo momento, comecei a priorizar os outros e me esquecer de mim. Estava constantemente tapando buracos psicológicos, lidando com dívidas financeiras e emocionais. A sensação de estar fazendo pouco para mim mesma se tornava cada vez mais angustiante.

Acabei sucumbindo ao trabalho, minha vida se resumia a isso. Dormia e respirava trabalho, e essa se tornou a justificativa para os relacionamentos que tinha, mesmo quando vivia situações de traição e agressão, tanto física quanto verbal. Era como se estivesse repetindo o ciclo disfuncional que presenciei na vida dos meus pais.

Com o tempo, minha indiferença se instalou. A autoestima, que, na adolescência, foi marcada pela rebeldia, na fase adulta havia desaparecido completamente. Acreditava nas mentiras que as pessoas contavam e me via presa em um labirinto emocional, desprovida de amor-próprio. As dívidas emocionais que carregava se tornavam a justificativa para a minha submissão, especialmente quando alguém me acusava de estar me aproveitando ou sendo egoísta.

Até que cheguei a parar no hospital com sintomas de infecção urinária. Fazia apenas quatro meses que havia contratado um plano de saúde, sonhando que, após seis meses, finalmente poderia fazer todos os exames que nunca tinha realizado na vida.

Não fazia ideia de que estava prestes a enfrentar uma das batalhas mais difíceis da minha vida. Enquanto esperava na sala de emergência, não pude deixar de perguntar:

— O que eles estão olhando?

— Não é você, e sim alguém que acabou de chegar de cadeira de rodas — respondeu minha amiga que me acompanhava.

Senti um frio na barriga ao perceber que eu também havia retornado de exames em uma cadeira de rodas, ainda lutando contra a dor que se intensificava. Alguns enfermeiros se aproximaram informando que o médico já viria me atender.

Quando ele finalmente chegou, trouxe notícias que mudariam minha perspectiva. Com um olhar grave, me explicou que a sensação de infecção urinária era, na verdade, causada por um mioma que estava comprimindo minha bexiga. Ele me mostrou os resultados dos exames e disse:

— Você tem alguns cistos.

E, então, perguntou se eu sentia dores antes, e eu, confusa, afirmei que não sentia nada.

— Vamos precisar operar — ele declarou, e a palavra "operar" ecoou em minha mente e me deixou em estado de negação. — Eu não quero, eu não quero — repetia, mesmo enquanto olhava para o inchaço imenso que se formava do lado esquerdo da minha barriga.

Eu chorava, assustada com a notícia de que precisaria passar por uma cirurgia. O medo me consumia, não apenas pela operação em si, mas também pela incerteza do que faria sem poder trabalhar. Ao mesmo tempo, sentia uma emoção intensa por estar ali, viva, e não presa na cama.

No dia da cirurgia, surpreendentemente, eu estava calma. Quando entrei na sala, o ambiente era iluminado, mas a luz intensa aumentava minha ansiedade. Os profissionais de saúde que me rodeavam eram atenciosos, mas suas vozes soavam distantes enquanto eu tentava me concentrar em respirar. O anestesista aproximou-se, explicando o que aconteceria a seguir e, antes que eu pudesse pensar muito, a máscara de oxigênio foi colocada sobre meu rosto; em um instante, eu entrava em um sono profundo.

Quando acordei, a realidade me atingiu com uma dor insuportável. O médico me explicou que, ao entrarem para retirar o mioma, descobriram que ele era muito grande e havia muitos cistos. Ele me informou, com uma expressão grave, que a endometriose já estava presente no meu ovário, apêndice e intestino. Era incrível que eu nunca tivesse sentido nada antes. A equipe médica me contou que, devido à gravidade da situação, precisaram remover 80% de um ovário, 20% do outro, além do apêndice e de alguns centímetros do intestino afetado pela endometriose. Haviam realizado um procedimento de clipagem para evitar futuras complicações. Ele me assegurou que eu ficaria em observação por quatro dias e, se tudo corresse bem, receberia alta. Se despediu, informando que viajaria para o Carnaval, mas suas palavras não me traziam segurança.

No dia em que deveria receber alta, a situação se agravou. Comecei a sentir dores ainda mais intensas, como se meu corpo estivesse em chamas. A febre subiu rapidamente e, mesmo com toda a medicação, não tinham controle nem da dor, nem da febre. As enfermeiras entravam e saíam do meu quarto, mas nada parecia estabilizar minha condição.

Até que comecei a ter uma arritmia, acompanhada de febre alta. De dois enfermeiros que estavam no quarto, logo passou para uns oito ao meu redor, realizando procedimentos e pedindo às pessoas que estavam comigo que saíssem.

— Está tudo bem! — eu disse, tentando passar alguma segurança para meus amigos, mesmo sabendo que não estava. Olhei para os rostos deles e percebi que estavam mais assustados do que eu gostaria de ver.

Fui imediatamente levada para a sala de tomografia. O exame saiu normal, mas mesmo assim fui transferida para a UTI em observação, ainda sentindo a arritmia e a febre. Não deixavam que ninguém entrasse para me ver, pois os batimentos não se estabilizavam. Sempre que via alguém, meu coração disparava ainda mais.

No segundo dia, finalmente voltei ao quarto, mas a dor se tornou insuportável. Aí uma médica, que parecia um anjo, entrou e pediu que eu fizesse mais exames específicos.

— Vamos ter que operar — ela disse, tentando me acalmar, logo após voltarmos da tomografia.

— Por quê? — perguntei, muito assustada.

— Chamei um médico de confiança, e ele já está a caminho para conversar com você — avisou, enquanto já me preparavam para a cirurgia, sem ao menos me dar a opção de escolha. Era uma emergência. Quando o médico chegou, começou a me explicar a situação.

— Sua febre está acontecendo porque seu intestino rompeu e isso está causando uma sepse. Precisamos operar agora e fazer um corte na sua barriga. — Sua voz era tão calma que fez parecer seguro. Ele desenhou uma linha imaginária da altura do peito até o umbigo, e continuou: — Com o rompimento do intestino, suas fezes estão se espalhando pelo abdômen e afetando outros órgãos. Precisamos drenar isso imediatamente e você precisará de uma bolsa de ileostomia.

— O que é isso? — perguntei, já desnorteada com tantas informações que definitivamente não queria naquele momento. Pensei que era apenas uma infecção urinária.

— Você vai precisar usar essa bolsa por pelo menos oito meses, até que seu intestino cicatrize e tudo fique bem — respondeu, com um tom sério, mantendo a calma na voz ao me explicar o que era a bolsa. Eu não tinha alternativa.

O médico chegou rápido e os enfermeiros me prepararam para mais uma cirurgia, tudo isso na véspera de Carnaval.

— Você quer ligar para alguém? — perguntou um dos enfermeiros.

— Por quê? — respondi, sentindo uma dor que não consigo descrever.

Fui acompanhada até a porta da sala de cirurgia. Sem dúvida, aquela segunda operação era muito diferente da primeira. O clima era tenso, e as pessoas ao meu redor me diziam coisas que pareciam estranhas, como se estivessem se preparando para uma despedida.

Entrei na sala de cirurgia com uma sensação pesada. Tudo tinha um clima sombrio e as perguntas que me faziam, as expressões nos rostos dos profissionais, ressaltavam a gravidade do que estava acontecendo, embora eu não tivesse plena consciência disso. Mais uma vez aquela máscara de oxigênio me adormecia.

Quando acordei, estava vomitando, fraca e percebi que aquela bolsa de ileostomia já estava pendurada na minha barriga. Eu usava uma fralda com um cateter urinário inserido e um dreno no lado oposto da barriga, ligado a um tubo que parecia se perder dentro de mim. Não conseguia me mover devido à quantidade de fios e tubos conectados. Havia eletrodos grudados na minha pele, agulhas nos braços e um tubo que entrava pelas minhas narinas, alcançando minha garganta.

Fiquei no CTI por cerca de sete dias na ala geriátrica, pois haviam transferido os pacientes em estado grave para lá devido ao Carnaval, quando chegavam muitos casos menores e acidentes, em grande parte provocados pelo consumo de bebida alcoólica.

Em uma das noites, quando a dor estava insuportável, me deram morfina algumas vezes, mas eu apagava por apenas quatro horas. Diziam que aquilo me faria dormir por mais tempo, mas isso nunca acontecia. Como não conseguia dormir, via pessoas idosas gritando de dor, pedindo água que não podiam beber e tentando se levantar das camas. Era uma sensação de desespero.

— Mãe? — eu disse, olhando para alguém à minha frente. Não obtive resposta. Vi uma sombra e tinha certeza de que era ela, eu não estava sozinha.

— Pai? — insisti, mas também sem respostas.

— Mãe, você veio me buscar? Tira essa dor de mim — falei, chorando.

Acordei às cinco da manhã com a impressão de que não havia dormido. Um enfermeiro, que sempre vinha nesse horário, chegou para fazer uma radiografia da caixa torácica.

— Você ou alguém vieram me ver esta noite? — perguntei.

— Não, estou chegando só agora. Precisa de algum remédio para a dor? — ele respondeu.

— Alguém ficou comigo esta noite? — perguntei à enfermeira do plantão, que era muito gentil.

— Não, não pode ficar ninguém no CTI — ela disse. Naquele momento, tive a certeza de que minha mãe e meu pai estiveram ali.

Quando a manhã chegou e comecei a receber visitas, um dos meus amigos me trouxe um recado: "Avisa a Gue que era a mãe dela, sim, e que não, não era o pai dela que estava acompanhando a mãe. Era uma espécie de enfermeiro espiritual. Ela pede desculpas por não ter chegado mais perto. Ela não podia porque você estava muito frágil e, se te tocasse, você iria com ela. Ainda não tá na hora", ela mandou dizer.

Naquele mesmo dia, o médico que me visitava diariamente me disse que eu precisaria começar a fisioterapia e que teria que parar de tomar os medicamentos de morfina, pois meu intestino precisava voltar a funcionar. Fiquei determinada a sair dali, então comecei a andar os 50 metros indicados diariamente.

No sétimo dia, tive alta para ir para o quarto. Os dias eram longos, repletos de medicamentos, exames e da espera de um milagre para sair daquele hospital antes do meu aniversário. No quarto, tive que passar novamente um tubo pela minha garganta por 48 horas, parecia que eu ia engasgar, era desconfortável. Eu só queria me livrar daquilo tudo e voltar a comer e a beber água.

Todos os dias, eu tinha que caminhar 250 metros no corredor. Então, eu caminhava o dobro durante o dia todo, em pequenas frações. Parava no meio do corredor, onde ficavam os enfermeiros, e negociava com eles, tentando convencê-los a me liberar comida. À noite, era um terror e eu chorava de dor. A cada dia, emagrecia mais e meu corpo, sem sustentação, afundava na cama. Quando meu amigo vinha, ele fazia massagens para aliviar a dor.

Lá pelo trigésimo dia, durante a madrugada, meu intestino, que estava para fora, sangrou. Até então, ele ainda não havia voltado à motilidade, e só faltava isso para que eu pudesse voltar a comer. Nesse dia, uma das minhas irmãs veio me visitar no hospital e recebemos a notícia de que eu precisaria passar por outra cirurgia.

Não sei por que, mas com ela ali, a terceira cirurgia em um mês estava me deixando mais segura. Ninguém da minha família havia vindo até então porque, em Florianópolis, minha irmã mais velha tinha acabado de descobrir um câncer de mama e também havia passado por uma cirurgia.

Mais uma vez, aquela máscara de oxigênio encontrou o meu rosto e eu apaguei. Acordei um pouco grogue, mas bem. A cirurgia foi um sucesso e, no dia seguinte, o saquinho da ileostomia começou a funcionar, trazendo alívio para o inchaço e a distensão da minha barriga. Ele me disse que, em sete dias, eu poderia começar a comer refeições pastosas, e voltei aos corredores para negociar com os enfermeiros quando isso aconteceria.

O dia em que chegou a refeição pastosa foi estranho: tinha a mesma cor do que saía no meu saquinho de ileostomia e a mesma consistência. Eu tentava comer, mas não conseguia. Sentia vontade de vomitar. Eu me forçava a ingerir um pouco porque precisava me alimentar primeiro com algo pastoso por pelo menos três dias, e depois passar para o sólido.

Quando chegou, pela primeira vez, a comida sólida, foi meu dia de festa. Faltavam menos de quatro dias para o meu aniversário, e eu queria sair dali. Eu precisava da alta da terapeuta que ia aleatoriamente ao quarto e, felizmente, ela disse que estava tudo bem. Recebi alta no dia 26 de março, um dia antes do previsto.

COLOQUE A MÁSCARA PRIMEIRO EM VOCÊ

Quando minha cliente chegou, seu semblante revelava dor. Seu cabelo carregava o contraste da vida que estava vivendo e nem os óculos escondiam o vazio nos seus olhos.

— Por que você parou de se cuidar? — perguntei a ela.

— Porque eu me dediquei ao meu pai, que tinha Alzheimer — respondeu, chorando de soluçar.

— Ele não está mais aqui?

— Não! — O choro se tornava cada vez mais forte e sufocante.

— Que idade ele tinha?

— 82. Daqui a quinze dias, fará dois anos que ele adormeceu. Eu me dediquei a ele e parei de me cuidar.

— Qual foi a maior lição que seu pai deixou?

— O amor. Ajudar o próximo. E a depressão veio, ele tratou e depois parou.

— O que ele fazia?

— Ficava na frente da televisão vendo futebol, e acabou — ela disse, triste.

— Acho que ele te deixou uma lição que você ainda não percebeu. Você já entrou em um avião? — continuei. — Vamos imaginar que o avião está caindo. Imagina isso comigo. É uma imagem ruim, né?

— É — ela respondeu, sem entender nada.

— Mas temos a possibilidade de nos salvar. Aquelas máscaras de oxigênio começam a cair e, do seu lado, está o seu pai e do outro a sua mãe. A sua mãe, quando viu a turbulência, logo colocou a máscara, porque a aeromoça disse no início do voo: "Apertem os cintos, em caso de turbulência, coloquem primeiro a sua máscara e depois a do outro". Seu pai preferiu colocar a máscara em você primeiro, porque você estava desesperada. E como ele já tinha esquecido a dele, começou a correr e ajudar todo mundo dentro do avião, pois todos estavam muito perdidos. Por sorte, deu tempo de, por último, ele colocar a dele. — A lágrima escorria pelo rosto dela enquanto eu continuava. — O tempo dele foi de 82 anos, mas, na metade do caminho, ele lembrou de algumas coisas que aconteceram naquele voo, e, nisso, bateu a cabeça e se machucou. Quando ele bateu a cabeça, vieram algumas sequelas ao longo do tempo.

Olhei para ela, falei que entendia seu pai e continuei:

— Pelo fato de eu não ter priorizado a minha vida e ter colocado a vida dos outros em primeiro lugar, acabei entrando em momentos que não queria: a depressão. Eu sempre escolhi ajudar os outros antes de me ajudar. Então por isso entendo seu pai. Mas não é sobre mim. Então, acredito que a lição que ele te deixou foi a seguinte: "Minha filha, aperte os cintos, você vai entrar em um novo voo. Desta vez, eu vou continuar ali do seu lado, mas já te ensinei o caminho. Quando essa turbulência acontecer, coloque a sua máscara primeiro, e então conseguirá ajudar os outros". Faz sentido o que estou dizendo?

— Sim — ela respondeu, com lágrimas escorrendo pelo rosto.

— O que você espera encontrar depois que eu puxar esta capa?

— Sair daqui diferente. Eu preciso mudar, sair diferente — repetiu.

— Por você? — perguntei.

— Por mim — ela disse e, quando puxei a capa, vi as lágrimas escorrendo pelo seu rosto, enquanto ela se sentia linda.

Colocar a máscara em si mesmo é como garantir que sua saúde física, mental e emocional esteja em dia. Assim como a máscara de oxigênio é crucial para sua sobrevivência, priorizar seu bem-estar é fundamental para tomar decisões sábias e eficazes. Se você não se coloca em primeiro lugar, pode acabar se sentindo sobrecarregado, estressado ou esgotado, o que impacta negativamente suas escolhas e a capacidade de ajudar quem está ao seu redor.

Quando você despressuriza, acontecem momentos de crise ou desafios inesperados em sua vida e nos seus negócios. Nesses momentos, é fácil perder o foco e se sentir perdido, assim como os passageiros do avião. No entanto, é nesses instantes que precisamos lembrar da importância de manter a calma e garantir que estamos em uma posição segura para agir.

Além disso, a despressurização não acontece sem aviso prévio. Assim como os passageiros são instruídos a estar preparados para a emergência, na vida e nos negócios devemos cultivar a resiliência e estar prontos para os desafios que surgem. Isso pode incluir planejamento financeiro, desenvolvimento de habilidades e construção de uma rede de apoio.

CAPÍTULO 8

SESSÃO DE TERAPIA

> *"Tudo aquilo que não enfrentamos em vida acaba se tornando o nosso destino. Os traumas não resolvidos se tornam sombras que nos seguem, e até que os aceitemos e integremos, viveremos à mercê de nossos medos, incapazes de abraçar o verdadeiro potencial que reside dentro de nós."*
>
> CARL JUNG[6]

No dia seguinte da minha alta, era meu aniversário. Depois de passar um tempo internada, sair do hospital foi uma vitória. Apesar de ter recebido muitas restrições alimentares, decidimos fazer uma pequena comemoração em casa com alguns amigos próximos. Estava feliz por estar em casa novamente, mas ainda me sentia muito fraca. A felicidade de estar cercada por amigos me ajudou a esquecer, mesmo que por um momento, a luta que enfrentei.

Naquele dia, comi apenas um pouquinho. Mesmo assim, mais tarde, minha barriga começou a distender e a dor voltou com força. Nos dois dias seguintes, meu intestino parou de funcionar novamente, retrocedendo em todo o progresso que havia feito. Liguei e mandei mensagens para o meu médico, desesperada. Ele me disse que, se até a manhã seguinte não voltasse a funcionar, eu teria que retornar ao hospital. Aquela notícia me deixou desnorteada.

Durante aquele período no hospital, os médicos usavam uma sonda para aliviar minha dor e ajudar meu intestino a trabalhar sua motilidade. Eu observava as enfermeiras realizando o procedimento, colocando a sonda no meu intestino e puxando com uma seringa. Era um processo desconfortável, mas

---

[6] JUNG, C. Tudo aquilo que não enfrentamos em vida... Carl Jung. Disponível em: www.pensador.com/frase/NTUwNzUw. Acesso em: 1 nov. 2024.

necessário para minha recuperação. Em casa, diante daquela dor horrível novamente, lembrei da sonda que tinha trazido e encontrei uma seringa usada. Sem pensar muito, decidi que precisava tentar algo para aliviar minha situação.

Deitei no chão do banheiro, peguei a sonda e, com muito cuidado, comecei a inseri-la no meu intestino para drenar o líquido que estava me causando tanta dor. Para minha surpresa, senti um alívio quase imediato. Eu tinha conseguido! Sei que os médicos não recomendariam tal atitude, mas foi um ato desesperado diante de tamanha dor. Lembre-se: estou tirando a minha capa diante de você, leitor, sem filtros e sem cortes.

Naquela noite, fui dormir sentindo um misto de gratidão e ansiedade, pedindo a Deus que, se eu tivesse que voltar ao hospital e passar por tudo aquilo de novo, preferia que Ele me levasse logo, pois não queria mais sofrer. Na manhã seguinte, acordei e, para minha felicidade, percebi que a bolsa de ileostomia estava funcionando perfeitamente. Senti uma onda de alívio e esperança. Queria voltar à normalidade o quanto antes e, no segundo dia após a alta do hospital, decidi que precisava voltar à minha rotina. Retornei ao salão, sentia falta de lá. Durante minha recuperação, sonhei com tantas maneiras diferentes de fazer minhas técnicas e queria logo praticar, testar.

Assim que cheguei ao salão, vi uma cliente sentada na cadeira de uma das minhas colaboradoras. Com um sorriso no rosto, me aproximei e perguntei:

— Eu posso fazer a mecha dela?

— Claro que sim! Estava com saudade, né? — respondeu minha colaboradora, sorrindo de volta.

Aquele momento me fez perceber que, apesar das dificuldades que enfrentei, eu estava pronta para voltar a fazer o que amava; na realidade, eu precisava daquilo. A sensação de estar de volta ao meu trabalho, cercada de clientes, me deu forças para seguir em frente.

SERÁ QUE É POSSÍVEL VOLTAR AO NORMAL?

Eu criei uma das técnicas mais incríveis que já tinha desenvolvido até então e decidi chamar de "Sunshine". Para minha surpresa, assim que clientes antigas e novas souberam que eu havia saído do hospital, marcaram horários para fazer o cabelo. Minha agenda rapidamente ficou cheia, muito cheia, e percebi a curiosidade delas sobre o que tinha acontecido comigo. Perdi a conta de quantas vezes, ao longo do dia, revisitei mentalmente minha saga no hospital e minha experiência de quase morte de tanto que elas me perguntavam. Reviver aqueles momentos me causava uma angústia tão intensa que comecei a sentir medo – medo da morte, medo de voltar a ficar doente, medo de sair na rua e medo de tantas outras coisas que eu não conseguia nem nomear.

Para tentar evitar que minhas clientes perguntassem sobre a minha história, decidi aumentar o preço das mechas para o dobro. De nada adiantou, mesmo assim, elas continuavam querendo saber o que havia acontecido. Parecia um filme de terror. Era extremamente doloroso relembrar tudo, e eu simplesmente não conseguia dizer "não" a elas. Até que me acostumei a contar. Uma das minhas colaboradoras, a Fernanda, dizia:

— Escreve um livro, assim não precisa contar tantas vezes novamente.

Minha aparência magra e frágil destacava ainda mais o aparelho nos meus dentes, que parecia maior do que já era. As roupas sobravam no meu corpo e me causavam um grande desconforto quando me olhava no espelho, especialmente quando via aquela bolsa pendurada na minha barriga.

— Me desculpe se eu fizer barulhos que soem como flatulências — disse, constrangida, para uma de minhas clientes.

— Como assim? — respondeu ela, sem entender.

— É que, como meu intestino está para fora, ele faz muitos barulhos e eu não consigo controlar. Qualquer coisa que eu coma ou beba passa pelo processo normal e, como ele está cortado ao meio, acaba indo para o saquinho — falei, sentindo uma mistura de vergonha e desconforto.

— Fica tranquila, Gue! O importante é que você está viva. Deixa de ser boba! — ela respondeu, tentando me deixar mais confortável com a situação.

Aos poucos fui aprendendo a aceitar minha nova realidade, uma etapa de reconstrução não apenas do meu corpo, mas também da minha vida. Trabalhava horas em pé e, a cada hora, precisava me ajoelhar no banheiro do salão para esvaziar a bolsa de ileostomia. Essa "disfunção" me impedia de sair, ir à praia, a um restaurante ou a qualquer lugar com banheiro público. A ideia de entrar em um banheiro com o chão sujo de xixi e outras coisas, onde eu teria que me ajoelhar, aumentava ainda mais minha ansiedade.

Com o tempo, fui me acostumando a contar minha história, a falar sobre as flatulências que meu intestino fazia e a evitar lugares públicos. Minha autoestima, que antes já não era tão boa, foi sendo substituída por uma baixa autoestima, repleta de medo de absolutamente tudo. Chegava a chorar sem motivo algum. Pelo menos era o que eu pensava.

Finalmente, chegou o dia da inversão da ileostomia, e o medo que eu sentia era mais intenso do que antes. Encarar mais uma cirurgia, mais uma vez voltar ao hospital e a possibilidade de retornar a uma vida mais próxima do normal não me trazia conforto naquele momento. Porém, não tinha alternativa, era necessário. Já se havia passado oito meses desde que saí do hospital após aqueles quase quarenta dias. Quando entrei na sala de cirurgia, ouvi o som de uma música e percebi que os médicos estavam alegres. O anestesista se aproximou com a máscara e me perguntou se eu estava bem, respondi que sim e logo depois ele disse um "até logo".

Ao acordar, me vi sem a bolsa, que havia se tornado minha companheira inseparável. Então chorei porque estava viva. Quando recebi alta e voltei para casa, minha ansiedade se concentrava no ato de defecar pela primeira vez. Quando finalmente fui ao banheiro, sentindo vontade, um arrepio percorreu meu corpo, como se houvesse a possibilidade de mais uma vez romper algo dentro de mim.

Então, aquela massa de fezes, presa dentro de mim por oito meses, finalmente saiu. Não consegui conter as lágrimas e agradeci pelo simples fato de poder sentar em uma privada e fazer cocô. Sim, pela primeira vez, valorizava a capacidade de realizar algo tão simples e essencial do meu corpo.

Mas a verdade é que eu nunca mais fui a mesma. O relacionamento que já não estava bem há anos finalmente chegou ao fim. Não sentia absolutamente nada, mas o pavor de ficar completamente sozinha tomou conta de mim, como uma escuridão. A cada dia, eu me afundava mais e mais no trabalho no salão, mesmo tendo prometido a mim mesma que nunca mais repetiria aquela rotina exaustiva.

Decidi então reformar o salão, demolindo tudo e desenhando, pela primeira vez, o espaço dos meus sonhos – exatamente como sempre quis. Gastei tudo que eu tinha e ainda peguei empréstimos no banco. O salão antes da reforma estava indo bem, e eu acreditava que, com essa nova repaginada, as coisas iriam melhorar ainda mais.

As festas de fim de ano chegaram e precisei parar a obra. Aquele dia passaria sozinha em casa, mas resolvi encontrar uns amigos em Copacabana e postei uma foto, tentando parecer bem no meio dos fogos de artifício. Porém, por dentro, sentia um vazio imenso no peito a ponto de não conseguir fazer um pedido para aquela entrada de ano. Mal podia esperar para que a celebração acabasse e eu pudesse voltar às obras.

Chegava lá às 8h e, às vezes, ficava até de madrugada. Ajudava a colocar pisos, saía para comprar materiais e montava vidro por vidro em uma grande divisória que havia idealizado no andar superior. Quando a obra finalmente terminou, senti um alívio, até porque não sabia mais de onde tirar dinheiro para continuar.

A inauguração foi incrível. Estava livre da bolsa que costumava ficar pendurada na minha barriga e tudo parecia estar indo bem. Mas por que eu não me sentia feliz? Na época, me mudei para um apartamento menor, mas logo depois começaram a surgir notícias sobre um surto de doença nos Estados Unidos, que estava atingindo muitas pessoas e que estava fechando tudo por quinze dias.

E se isso acontecer no Brasil?, pensei imediatamente.

Naquela hora, surgiu a ideia de gravar um curso on-line, pois poderia precisar dele. As notícias no Brasil indicavam que nossos comércios também fechariam por quinze dias. Uma tal de covid-19 já havia deixado muitos hospitais superlotados, e a incerteza naquele momento tomava conta de todos. Tinha apenas vinte dias que o salão havia reaberto as portas, e entrei em desespero.

Como passava quase 24 horas por dia no salão, o apartamento que eu tinha acabado de alugar estava praticamente vazio. Tinha apenas um sofá velho de cor nem cinza nem bege com uma aparência de sujo.

— Se chamar um cara pra higienizar, fica novo — me disse a corretora, tentando me convencer de que ainda tinha como usar. Além do sofá, uma cama de solteiro e outra de casal que já estavam lá. Teoricamente tudo de que eu precisava.

Dois dias antes do fechamento total, fui ao shopping e comprei um micro-ondas, uma TV, alguns eletrodomésticos, utensílios de cozinha e um cobertor. Também encomendei uma geladeira e um fogão pela internet.

O primeiro dia dentro de casa foi estranho. O apartamento parecia pequeno e, ao mesmo tempo, gigante e vazio. Eu evitava me aproximar da sacada do 14º andar. Nunca gostei de lugares altos, voos de avião ou qualquer coisa que me fizesse sentir exposta.

Chamei minha irmã caçula para vir morar comigo, pois os aeroportos ainda estavam operando voos. Acredito que ela foi minha salvação. Desde a minha saída do hospital, frequentei a emergência repetidamente, ora com dores na barriga, outras com falta de ar, dor no peito e crises de pânico absurdas.

— Eu acho que estou enfartando! — dizia, chorando para os enfermeiros.

— Você precisa procurar terapia — eles respondiam. — Está tudo bem com você.

Como assim, terapia?, eu pensava. *Não estou bem e eles ficam me mandando para casa.*

Quando minha irmã finalmente chegou, mesmo com nossas brigas ocasionais, a presença dela me trazia uma sensação de calma e me tirava daquela solidão constante. E, quando retornamos ao salão, mesmo com as restrições e cuidados que tínhamos que ter devido à covid, ela assumiu a recepção para me ajudar.

Durante o dia, eu não sentia nada. A ansiedade parecia não existir. Eu me distraía com o trabalho e achava que tudo estava normal. Mas, quando a noite chegava, tudo mudava. As pontadas no peito começavam a aparecer, como se alguém estivesse me apertando. A falta de ar vinha junto e tudo ficava escuro. O mundo girava, e eu sentia que ia desmaiar. Um dia, um cliente no salão me ofereceu maconha. Disse que iria me trazer calma e que eu dormiria melhor.

— Eu não gosto de nada que me faça alucinar, essas coisas não fazem bem pra mim — eu disse, tentando parecer convincente e com medo de mim mesma ao pensar em aceitar. Mas, no fundo, eu estava tão cansada de me sentir mal que acabei pensando: *O que eu tenho a perder?*

Na primeira noite, me sentei na varanda, o ar era fresco. Acendi aquilo e, depois de duas tragadas, me engasguei. A fumaça me pegou de surpresa, e meu coração começou a acelerar. Ali, sozinha, me perguntei se estava realmente buscando um alívio ou se só me afundando mais naquela escuridão.

Já era tarde e uma onda de cansaço me atingiu, deixando meus pensamentos lentos e meu corpo dormente. Fui direto para a cama e, ao me deitar, mergulhei em um sono profundo que não tinha há tempos.

No dia seguinte, enquanto atendia a algumas clientes no salão, comentei sobre a experiência. Falei sobre como a noite passada tinha sido diferente, como eu finalmente tinha conseguido dormir. As clientes ouviram, algumas até riram, mas eu sabia que por trás daquela leveza havia um peso que eu não conseguia ignorar.

Já fazia dois anos que eu não colocava nem um cigarro na boca. Eu tinha parado de fumar porque, no fundo, nunca quis realmente fazer aquilo. Sempre que acendia, sentia uma culpa pesada, como se estivesse fazendo algo muito errado. Naquela noite, olhando para o cigarro de maconha que estava em minhas mãos, apaguei e disse com firmeza:

— Não quero isso, não.

Decidi que não precisava da maconha e que não me viciaria naquilo. Mas, quando passou mais uma noite, a ansiedade voltou com força e minha mente estava agitada. Pensei: *Por que não?* Da varanda, me arrastei para o quarto, sentia o ar pesado demais para respirar. Ao ligar o chuveiro, o barulho da água caindo se misturou com o tamborilar do meu coração. Mas, enquanto a água quente escorria pelo meu corpo, um sussurro, suave e maligno, cortou o silêncio. *Se joga da sacada*, disse a voz, tão clara e próxima que eu podia sentir a sua presença, como se alguém estivesse de pé atrás de mim sussurrando, uma sensação assustadora.

A voz se infiltrava em cada canto da minha mente, reverberando como um eco de algo que eu não podia ignorar. Olhei ao redor, mas não tinha ninguém. A solidão do quarto se intensificou, e o sussurro continuou, repetindo-se, insistente e ameaçador. A água do chuveiro caía e se misturava com meu choro de desespero.

Em segundos, entrei em pânico. O desespero tomou conta de mim. As lágrimas começaram a escorrer pelo meu rosto, quentes e salgadas, misturando-se com a água que caía. Eu não podia mais suportar. A voz agora se transformava em gritos.

Sem pensar, por um instinto desesperado de escapar, saí correndo, nua, em direção ao quarto da minha irmã.

— Me ajuda! Eu vou me jogar da sacada! — gritei, a voz trêmula e quebrada ecoando pela casa. Cada palavra era um grito de socorro, uma súplica desesperada para que alguém me resgatasse daquela escuridão que parecia ter ganhado vida. Eu sabia que não poderia enfrentar aquilo sozinha, precisava de ajuda, de uma âncora que me tirasse daquela tempestade que ameaçava me engolir.

Ela pulou da cama, assustada, e logo se deitou ao meu lado, segurando minha mão. Ficou comigo por quase uma semana, dormindo ao meu lado. Eu vivi dentro de um mundo paralelo por meses, como se nada do que eu estava enfrentando fosse real. Era como se eu tivesse mergulhado em um sonho dentro de um sonho, onde a dor e o desespero se tornavam nebulosos e distantes.

Certo dia, saí para caminhar com um amigo, uma das poucas coisas que as pessoas ainda faziam no condomínio: alguma interação ao ar livre, uma tentativa de normalidade. Durante a caminhada, compartilhei com ele a experiência que havia vivido, como se eu já nem sentisse mais nada. Não podia parecer fraca ou até mesmo assustadora. Ele ouviu e então me contou sobre um amigo dele que passou por algo semelhante, mas a história teve um fim trágico, o que me deixou ainda pior quando voltei para casa. Ele falou de um terapeuta excelente que era quase como um irmão para ele. Senti uma esperança e pedi o contato. No dia seguinte, liguei para ele.

COMEÇANDO A ME ENCONTRAR

Cheguei à minha primeira consulta em um estado devastador, desesperada e desnorteada. Assim que entrei, nem demorou muito para que as lágrimas começassem a aparecer.

— Eu tentei me matar — consegui dizer entre soluços, a voz embargada pela culpa. Ele me olhou com uma calma impressionante, como se aquilo fosse normal.

— Me explica o que aconteceu? — pediu, com muita tranquilidade na voz.

Eu me sentia finalmente em um lugar seguro. Respirei fundo, tentando organizar os pensamentos confusos que se aglomeravam na minha mente, e comecei a descrever tudo o que havia vivido, cada detalhe doloroso e cada momento de desespero. E a cada palavra que saía da minha boca, a sensação era a de que a sala ficava cada vez mais pequena e escura.

— É normal sentir isso? Parece que estou vendo tudo turvo — perguntei a ele, muito confusa.

— Respira e vamos tentar entender por que e como você tem esses gatilhos — me respondeu prestando atenção em tudo o que eu falava. No final daquela sessão, ele me olhou nos olhos e disse, com firmeza:

— Você não é suicida. Eu conheço suicidas, e você não é um deles. Você apenas teve um pensamento. Vamos precisar entender quais são os gatilhos que te causam ansiedade — ele me disse enquanto eu ficava encostada no canto do sofá.

A cada sessão, ele me conhecia mais. Eu chorava e algumas vezes ele também se emocionava com as minhas histórias. E eu nem sabia que terapeuta podia chorar. Achei aquilo incrível, o que me aproximou ainda mais dele.

— Gue, olha tudo o que você passou — ele comentou, se inclinando para a frente, compartilhando aquele momento de vulnerabilidade. — É normal sentir tudo isso. Você criou vínculos e dívidas emocionais, não viveu seus lutos, nem mesmo quando renasceu. Vamos com calma.

Às vezes, eu fazia duas sessões por semana e isso se tornou um refúgio. Comecei a cuidar do meu corpo. Como não gostava de ir à academia, treinava em casa. Minha irmã se tornou minha parceira em tudo.

Outras vezes, eu entrava em um carro sozinha, ligava o som superalto e deixava a música me levar por todos os lugares possíveis, como se cada música fosse uma fuga da realidade. Os dias pareciam um pouco menos caóticos e minhas idas até o hospital diminuíram. Era um alívio, pois eu sabia que não podia ir, os hospitais estavam lotados de pacientes de covid-19 e já havíamos registrado milhares de casos de óbitos no mundo.

No início da pandemia, eu fazia lives de mais de oito horas, usando cabeças de bonecas para ensinar tudo o que sabia. Era uma maneira de ocupar minha mente e desviar o foco da dor de tudo o que se passava na televisão.

— Olha, tenho dez pessoas assistindo! — eu disse para minha irmã em uma transmissão, enquanto ela estava na cozinha fazendo nosso jantar, que somente ela conseguia em menos de quinze minutos. Até hoje não sei como ela faz comida tão rápido.

Com o tempo, o número de espectadores cresceu para cem, até que, em uma noite, cheguei a quase mil pessoas em uma live, mesmo com poucos seguidores.

Quando outros profissionais começaram a fazer o mesmo, perdi a vontade de continuar. Sempre que alguém replicava algo que eu estava fazendo, eu sentia um peso no peito.

— Minha live não é tão boa quanto a deles — eu dizia, sempre diminuindo o que fazia.

— Irmã, você tem seu próprio estilo! Não se compare com os outros. Você é única! — ela dizia, tentando me convencer de que eu era boa.

Pelo menos uma fã eu tinha, mas, para mim, a comparação se tornava uma sombra que me seguia e eu simplesmente parava, convencida de que meu conteúdo era inferior ao dos outros. A luta interna era interminável, um ciclo de insegurança que eu ainda tentava quebrar.

Eu me lembrava da tentativa incansável de ser aceita por uma marca, das portas fechadas e dos nãos que eu levava como um golpe. A voz das pessoas ecoava na minha mente, dizendo que eu tinha sorte, que não era boa o suficiente, que não fazia cabelo bonito. Cada crítica era como uma facada, enraizando a dúvida em mim.

Eu queria muito, mas muito mesmo, um cargo de especialista dentro de uma marca renomada. Com muito esforço, fiz trabalhos incríveis e diferenciados, acreditando que finalmente abririam as portas para mim. Mas, em uma reunião decisiva, ouvi de uma pessoa do alto escalão que meu salão não se encaixava no padrão da marca.

— Você não é ninguém com esse salão — completou, com um sorriso simulando simpatia e como se estivesse aconselhando algo.

Senti como se o chão tivesse se aberto sob meus pés, engolindo meu sonho e minha autoestima. Via um mercado altamente masculino e percebia que a mesma marca tinha mais de vinte homens ocupando o cargo que eu desejava, enquanto eu, mulher, parecia ser invisível. Mas não me abati, saí de lá com uma decisão firme: eu não iria mais atrás de uma marca que não me valorizava. Decidi criar a minha própria.

Comecei a entender que, antes de representar qualquer marca, eu precisava reconhecer que eu era a minha própria marca. "Você é a sua marca", repetia para mim mesma, como um mantra, tentando internalizar essa verdade. Eu sabia que, para me tornar mais forte, precisaria abraçar quem eu realmente era.

Na teoria, parecia tão simples, um conceito que poderia ser facilmente assimilado. Mas a prática... ah, a prática levou anos. Eram noites sem dormir, dias de dúvidas e inseguranças, mas também de pequenas vitórias. Cada passo que eu dava era uma forma de me reafirmar, de mostrar ao mundo que eu tinha valor, que eu era capaz. Eu não poderia mais ser apenas uma mulher que se encaixava, queria brilhar por conta própria.

— Você sempre quis fazer cabelo, Gue? — era uma das perguntas que mais recebia.

Na verdade, não. Comecei a fazer progressiva por uma questão de sobrevivência. Nunca fiz um curso ou tive dinheiro para investir, mas como sabia fazer alisamento no meu próprio cabelo, pensei: *Por que não?*

Então, não, eu não nasci cabeleireira, não tinha dom e ninguém na minha família tinha um salão próximo de mim. Eu apenas precisava sobreviver e foi isso que fiz. Diziam que, se você não tivesse faculdade, poderia se tornar cabeleireiro, manicure ou maquiador. Eu sabia que não seria respeitada ou admirada, mas pagaria minhas contas, ou pelo menos teria o que comer. E foi por isso, e só por isso, que comecei.

NUNCA MAIS FUI A MESMA

Mas, voltando às reflexões da terapia, a verdade é que eu nunca mais fui a mesma. Desde o dia em que vi meu pai agredindo minha mãe de todas as maneiras possíveis, alguma coisa quebrou dentro de mim. A cena ficou gravada na minha memória, por mais difícil que seja admitir. A impotência que senti naqueles momentos me acompanhou por anos, transformando-se em uma sombra que obscureceu minha capacidade de confiar e talvez até de amar.

Não fui a mesma quando peguei um cigarro na mão pela primeira vez, como se aquele pequeno objeto pudesse me oferecer uma fuga temporária da realidade. Também não fui a mesma quando fui assediada na infância e quando acreditei que não era inteligente o suficiente, não era bonita o suficiente, não era nada o suficiente. Essas experiências me marcaram, criando um ciclo de autocrítica que se tornaria uma parte constante da minha vida.

Não tinha como ser a mesma após a perda de tantas vidas ao meu redor. Quando perdi minha mãe e, logo em seguida, meu pai, a dor foi tão intensa que me senti em um labirinto sem saída.

Eu nunca consegui viver o luto como deveria porque a vida exigia que eu me erguesse e seguisse em frente, mesmo quando meu coração estava destruído. A violência não veio apenas de fora. Fui violentada por mim mesma ao furar meu corpo e rabiscá-lo inteiro, numa tentativa de externalizar a dor que me consumia por dentro. Não que eu não goste das minhas tatuagens e piercing. Hoje eu amo, mas antes era apenas um ato de rebeldia. Mudar meu visual completamente e rasgar minhas roupas eram tentativas desesperadas de me esconder, de desaparecer em meio ao caos que se tornou minha vida. Essa luta interna me levou a um caminho onde as drogas se tornaram uma fuga temporária, mas também uma prisão.

O momento em que cheguei ao fundo do poço foi quando morri naquele hospital – não fisicamente, mas emocionalmente. Essa morte simbólica se transformou em um ponto de virada, uma oportunidade de ressignificar minha luta.

— Você tem duas opções: levantar e lutar ou ficar aí e se vitimizar — era o que minha mãe sempre dizia.

Eu sempre escolhi levantar e lutar, mas me esqueci de sentir, de me acolher, e isso gerou uma desconexão entre mim e minha essência. Com o tempo, fui aprendendo que a cura não é linear e que é preciso permitir sentir a dor para poder realmente superar. Hoje a cicatriz que carrego da cirurgia tem a forma de uma tatuagem com batimentos cardíacos, simbolizando um renascimento. Cada linha e cada traço contam a história da minha resiliência, da minha luta para me encontrar novamente. Essa tatuagem não é apenas uma tatuagem, é um lembrete constante de que, mesmo após a dor, eu posso recomeçar.

Estou aprendendo a me acolher, a abraçar minha vulnerabilidade e a valorizar minha força. A jornada é longa, mas a cada passo eu me aproximo um pouco mais da mulher que desejo ser, daquela que não é definida pelas feridas do passado, mas que se levanta, mais forte e mais consciente, a cada novo dia.

A verdade é que fui traída muitas vezes. Por relacionamentos que não deram certo, por amigos que não foram leais e por sócios que me decepcionaram. Com tudo isso, me fechei em uma bolha, num lugar seguro aonde ninguém podia chegar.

Uma amiga me disse uma vez:

— Você não fala sobre você, eu só falo sobre mim e você me ouve.

Essa frase ficou na minha cabeça. Eu passei por tantos traumas, que nunca soube como nomeá-los, e tudo isso veio à tona quando saí do hospital.

Com o tempo, percebi que desenvolvi alguns medos: não gosto de abraços apertados, fico nervosa ao entrar em elevadores sozinha e evito me esconder embaixo da cama ou em lugares apertados. Esses medos eram reflexos das dores que eu carregava.

A fobia mais forte começou com um pesadelo em que minha mãe acordava presa em um caixão. Esse sonho me fez perceber o quanto eu senti medo e desespero naquele dia, e parece que nunca mais saí de lá.

Meu medo de voar, que eu achava que era normal, na verdade, era o medo de me libertar das minhas dívidas emocionais. Por que eu sentia que precisava ser forte para os outros? Por que tinha que ser a boa da história, mesmo que isso significasse deixar minhas próprias necessidades de lado?

Quando me tornei amarga, me fizeram sentir que era um monstro. Por que achava que precisava voltar a ser boa? Sempre queria agradar os outros e, quando deixava um relacionamento ou uma sociedade, tinha que começar do zero, como se não tivesse direito a nada do que construí.

A terapia me provocou a fazer perguntas que eu sabia que iriam doer. Ela se tornou um lugar onde eu finalmente enfrentei as verdades que tinha evitado. Descobri que a parte mais difícil de viver e de me conhecer é o processo de autodescoberta. Conhecer a si mesmo é doloroso, você percebe que não é tão perfeita quanto pensava, que tem fraquezas e que precisa lidar com suas dificuldades.

Essa jornada não é fácil, mas é libertadora. Ao enfrentar minha dor e confusão, comecei a entender melhor quem realmente sou. É um processo de aceitação e amor-próprio que me faz perceber ser normal errar e sentir. Tenho o direito de ser quem sou, com todas as minhas imperfeições. Assim, talvez eu consiga abrir as portas da minha bolha e permitir que as pessoas vejam a verdadeira Gue.

AQUILO DE QUE VOCÊ RECLAMA PODE SER O SONHO DE ALGUÉM

Aquele dia eu sabia que a minha cadeira não seria mais a mesma. Recebi uma das histórias mais tristes e fortes que já havia ouvido.

— Às vezes, aquilo de que você reclama é tudo o que alguém queria — ela começou, com os olhos já se enchendo de lágrimas. — Eu reclamo de acordar cedo e tudo o que alguém queria era acordar cedo e não estar em um hospital, de cama. Eu reclamo de ter um bebê e tudo o que alguém queria era ter um bebê. Às vezes aquilo de que você reclama é algo que alguém sempre sonhou.

A partir de agora, sinto que uma dor curada se torna cura para outras pessoas.

— O que aconteceu? — perguntei, já com a certeza de que, ao final, receberia uma grande lição de vida.

— Eu estava com dois meses e meio de gestação quando descobrimos que eu estava grávida, porque meu marido sonhou. Eu nem desconfiava, mas ele sabia.

— A partir do momento em que você soube, o que sentiu?

— Eu automaticamente comecei a andar com a mão na barriga, para proteger — disse, com um sorriso tímido e uma lágrima deslizando pelo seu rosto.

— Você faz isso ainda hoje? — perguntei, atenta à sua resposta.

— Faço, vivo com a minha mão na barriga.

— Como foi que tudo aconteceu?

— Fiz o pré-natal e estava tudo certo. Três dias antes, a gente fez um ultrassom e estava tudo bem. O médico tinha marcado a cesárea para o dia 7 de fevereiro e no dia 28 eu comecei a sentir muita dor de contração. Comecei a anotar e, quando começou a vir de 10 em 10 minutos durante umas

3 horas, mandei mensagem pro médico. E ele falou: "Já pode levar tudo para o hospital, que ele tá vindo aí". No hospital, eles não estavam conseguindo achar os batimentos do coração. Ela estava ouvindo o meu e não o dele.

Perguntei se ela queria dar uma pausa porque vi o quanto doía para ela relembrar. Ela disse que não e continuou:

— E aí, quando chegou na sala de ultrassom, a médica fez e refez, e eu não estava vendo o movimento, mas para mim era normal. Então ela chamou outro médico, e ele falou que o bebê já não tinha mais vida. — Suas lágrimas desciam sem parar pelo rosto. Conseguia sentir a vibração da sua dor.

— Eu achei que era um pesadelo aquele dia na minha vida. Com tudo no carro, minha família inteira na recepção, meus pais vindo para São Paulo, e meu filho já não tinha mais vida. A gente se ajoelhou no chão e pediu a Deus que fizesse um milagre em nossa vida: trazer o nosso filho de volta de alguma forma, porque a gente acredita muito em Deus. E começamos a clamar e pedir a Deus que fizesse como Ele fez com Lázaro, para o bebê viver. — Deu uma leve pausa para limpar as lágrimas que escorriam abruptamente pelo seu rosto e puxou ar para respirar. — Só que aí, no momento em que o médico perguntou se a gente queria refazer o exame, eu fui rezar: "Deus, por favor, que o exame tenha dado errado, que meu filho esteja com vida, porque eu queria muito ver meu filho. A gente passou nove meses da nossa gestação esperando e sonhando com o rosto dele. Como que ele ia ser?". — A dor que ela sentia estava dentro dos seus olhos fundos de tanto chorar, a memória ainda recente da perda não deixava que as lágrimas fossem interrompidas.

— E aí eu tive um parto normal. Eu dilatei o máximo que consegui, mas tenho poucas lembranças porque fiz tudo de olho fechado — continuou. — Na sala de parto, eu fui de olho fechado porque eu não queria recordar os momentos de passar com a maca no corredor, pra que eu não tivesse mais traumas, né? Eu pedi para o meu marido também ficar comigo de olho fechado.

— Você não estava sentindo-o se mexer? — questionei. Eu estava atrás dela, tentando conter a vontade de chorar, abraçá-la e dizer que sentia muito. O momento era de desabafo e eu não podia e não deveria interromper.

— Eu estava. O mais estranho é que eu estava sentindo ele se mexer. Ele mexeu um dia antes, e eu fiz um curso de gestante de manhã. Eu já fiz o curso com ele morto na barriga, né? — me disse, engasgando com o próprio choro ininterrupto.

— Você chegou a pegá-lo no colo? — perguntei, com receio de fazer qualquer pergunta, na verdade.

— Não — e as lágrimas desciam. Tudo o que eu queria era, de alguma maneira, ajudar, mas não via como.

— Você viu o rostinho dele?

— Não, eu optei por não ver, pra não ficar com essa imagem do nosso filho, porque ele já não estava mais ali, né? É muito difícil sonhar com um bebê e, quando nasce, a gente não vai nem ver chorar. Tiraram uma foto do dia, só para o caso de um dia eu querer ver, mas eu ainda não tive coragem de olhar. E eu só lembro do meu marido comigo, porque eu estava com muito medo e falava: "Olha no meu olho". Quando eu acordei da anestesia, escutei um bebê chorando e pensei que fosse um pesadelo que tinha passado, que aquilo tudo era mentira. Mas era o bebê da sala ao lado que tinha nascido.

Nessa hora, eu já não sabia se interrompia seu choro ou deixava que ela continuasse o desabafo. E, claro, apenas escutei.

— A gente recebe tantas mensagens, até de familiares: "Calma, vocês vão ter outro filho". Mas não é assim, um filho não substitui o outro, ninguém é substituível. Depois de dois dias do que aconteceu, as pessoas me pediam berço, me perguntavam sobre as coisas, pedindo enxoval, e recebia mensagens de pessoas falando que estavam grávidas e que eu não poderia ser egoísta por não doar, já que meu filho não tinha vida. Mas ele nunca vai deixar de ser meu filho. Eu nunca vou deixar de ser mãe. Não é porque eu não tenho um bebê agora que eu não sou mãe. Eu sou mãe. Mas sou mãe de um anjo. Eu passei nove meses com ele dentro da minha barriga.

— O que você me disse sobre as mulheres?

— Eu recebi mensagens de mulheres que desistiram de abortar — ela me respondeu, aliviada.

— Alguém um dia me disse que, no ciclo natural da vida, nós perdemos os nossos pais e não o oposto, então eu não imagino a sua dor.

— A saudade de uma mãe de um anjo não é a saudade do que a gente viveu, é a saudade do que não vivemos e que sonhamos viver. Eu tenho saudade de brincar com ele, dar de mamar sem ter dado, é a saudade do que eu não vivi. O quarto dele era bem próximo ao nosso e a gente nunca mais abriu a porta.

Eu pude ver, através de um vídeo, o quarto com papel de parede azul cheio de nuvens, o desenho de um cão astronauta em uma das paredes, as malas prontas ao lado de onde seriam trocadas suas fraldas. O chão de madeira marrom trazia o aconchego de que eu precisaria para segurá-lo no colo.

— Eu não quero que a mensagem do meu filho morra em mim e na minha tristeza. Quero que a mensagem dele ajude outras mulheres que passaram por isso e não tiveram voz ou fé para seguir em frente.

— É verdade que você recebeu mensagens de mulheres querendo lhe doar seus bebês?

— Sim, isso foi o mais chocante para mim, porque, se formos questionar, achamos isso injusto, né? Eu não tive meu bebê tão esperado, e uma pessoa que teve seu bebê normalmente quer dar o filho dela.

Antes de puxar a capa, fiz uma surpresa para o marido dela, já que era por ele que ela estava ali. Ele mandou diversas mensagens dizendo que ela precisava de um renovo. Coloquei-o de costas, sem que ela o tivesse visto ainda.

— Pode olhar? — perguntou, ansioso. Ele se virou e abriu um sorriso largo.

— Nossa, vida... — Ele se abaixou na frente dela, sorrindo muito. — Vontade de chorar. — Ele a abraçou, emocionado.

Vi uma das cenas mais lindas na minha frente e também não consegui conter as lágrimas.

— Tão linda, vida — ele disse, chorando.

— Te amo — ela respondeu, ainda sem ter se visto.

— Tá linda, meu amor. Você vai amar — ele disse, muito emocionado.

Quando puxei a capa, vi, pela primeira vez em todas aquelas horas dentro do salão, um sorriso: uma mulher se olhando no espelho, pronta para se olhar com carinho.

— Parece que eu renasci, estou linda — ela disse, com um sorriso largo.

SOBRE A MORTE

A melhor forma de curarmos um trauma é revisitando-o até que consigamos ressignificá-lo. Essa jornada pode ser dolorosa, mas é essencial para nosso crescimento pessoal. Compreendi que o medo da morte não era apenas um sentimento isolado, era na verdade uma desculpa que eu usava para não concluir as coisas.

Por que eu não termino nada que começo? Por que não consigo finalizar um livro ou uma série? Refletindo sobre isso, percebi que o medo de perder aquilo que amo se disfarçou. Cada vez que deixo algo inacabado, estou me protegendo de um possível luto. No entanto, essa proteção vem custando as experiências que poderiam enriquecer minha vida.

Mas o que realmente é o fim? É um encerramento definitivo ou um recomeço? Essa reflexão me leva a entender que cada final traz a oportunidade de um novo começo. O ciclo da vida é repleto de transições – o fim de uma fase muitas vezes é o início de outra.

Ao enfrentar meu medo, posso abrir espaço para novas experiências e significados.

A ressignificação de traumas é um processo que não acontece da noite para o dia. Envolve coragem de olhar para o que nos machuca e a disposição para transformar em algo que nos fortaleça. Cada vez que revisito uma memória dolorosa, tenho a chance de reescrever minha narrativa, entendendo o que aprendi e como isso me moldou.

Além disso, é importante lembrar que não estamos sozinhos nessa jornada. Compartilhar nossas histórias com outras pessoas pode ser um poderoso caminho para a cura. Conversar com amigos, familiares ou até mesmo profissionais pode nos ajudar a ver nossas experiências sob uma nova perspectiva, que talvez não tenhamos considerado.

Abraçando a ideia de que o fim pode ser um recomeço, libero a necessidade de controle e me permito explorar o desconhecido. O medo, que antes parecia paralisante, se transforma em um convite à renovação e ao crescimento. Cada passo em direção ao desconhecido se torna uma oportunidade de descobrir novas paixões, novos relacionamentos e, acima de tudo, novas versões de mim mesma.

O MUNDO PRECISA DE TERAPIA

Eu peguei dinheiro da gaveta da loja da minha irmã, onde eu trabalhava. Tinha acabado de completar 18 anos quando decidi mancomunar com um amigo, que se encarregaria de dizer aos meus pais que eu estava dormindo na casa dele. Aquela noite seria especial, eu viajaria para conhecer uma garota com quem havia conversado por um tempo na internet e pela qual me apaixonei. Havia apenas algumas semanas que eu tinha terminado um relacionamento com um rapaz que era muito especial para mim. Por algum motivo, eu não conseguia me sentir completa.

— Só não me troca por mulher — ele brincou, como se previsse o que estava por vir. Entrei no ônibus em direção a uma pequena cidade, um pouco distante de Florianópolis, acompanhada de outro amigo. O cheiro do ônibus, uma mistura de pessoas e estofamento desgastado, me deixava nervosa e animada ao mesmo tempo. O ônibus se afastava, e meu coração acelerava com a expectativa e a adrenalina do que eu estava fazendo.

Assim que cheguei, conheci a menina. O encontro foi tudo o que eu esperava e mais. Nossos olhares se cruzaram e, em um instante, a conexão foi instantânea. Rimos, conversamos e logo nos beijamos de forma tímida. O dia passou em um instante, e quando percebi já estava na hora de voltar.

Foi então que, enquanto estávamos voltando pela calçada, coloquei a mão dentro da mochila e uma onda de pânico me atingiu. Procurei meu documento e, para meu desespero, percebi que ele não estava lá. Naquele momento, lembrei de que, quando fui pegar o pacote de biscoitos, talvez ele tivesse caído sem que eu percebesse. O calor subiu à minha cabeça enquanto a ansiedade atingiu meu peito. E agora? O medo de não conseguir voltar para casa me deixou paralisada.

No fim, não consegui entrar naquele ônibus. Não tinha dinheiro para comprar outra passagem e não poderia dormir na casa da menina, pois, para os pais dela, ela era hétero. Eles me matariam se soubessem que, de alguma forma, eu havia feito com que sua filha se interessasse por uma mulher. A verdade é que eu mesma não tinha certeza do que sentia. A única coisa que eu sabia era que preferia estar com mulheres e ter amigos homens.

Minha mãe recebeu uma ligação dizendo que tinham encontrado meus documentos em outro estado.

— O que aconteceu? — ela perguntou, já chorando do outro lado da linha.

— Apenas encontramos os documentos dela — respondeu alguém. Quando chegou a noite, minha irmã me mandou um SMS:

"Gue, atende a mãe, pelo amor de Deus! Ela está preocupada e já sabe onde você está."

Dormi naquela noite na rodoviária, escondida em uma cabine de táxi, tentando me proteger do frio. Depois de ter pedido abrigo na cidade sem sucesso, o desespero era a única certeza que tínhamos. Pelo menos eu tinha meu amigo ali comigo.

— O que vocês estão fazendo aqui? — disse o segurança da rodoviária, cheio de preconceito, enquanto olhava para as nossas roupas. Eu estava com os olhos pintados de preto, vestindo um longo sobretudo que chegava até os pés e encostava nos meus coturnos.

Quando finalmente consegui voltar, na manhã seguinte, aquela pequena cidade que deixei para trás, com pouco mais de 7 mil habitantes, já sabia que uma das meninas mais conhecidas da região havia se relacionado com outra mulher. Ao chegar à rodoviária, encontrei minha irmã me esperando, extremamente rígida, dizendo que eu ia matar nossa mãe com essas coisas.

— Você não gosta de garotas — disse ela. — Isso é uma doença.

Naquele momento, me lembrei da minha melhor amiga, que me virou as costas quando tive coragem de confessar que gostava de meninas. Ela respondeu:

— Quando passar essa fase, me procura.

É claro que nunca mais procurei por ela.

Minha irmã estava convencida de que eu estava doente e chamou um homem que entrou em casa, fechou a porta e me colocou em uma hipnose. Confesso que não me lembro de muitos detalhes, exceto por ele ter dito para eu cuidar da minha outra irmã, que tinha tendências suicidas.

Tudo começou com ela. Sempre tão triste e deprimida. Um dia, entrando no quarto, vi minha irmã chorando sem parar.

— O que foi, irmã? Você gosta de meninas, né? — perguntei, preocupada, mas com a certeza de que já tinha a resposta. Ela me olhou assustada e desabou a chorar.

Muito diferente de mim, que me relacionei com muitos rapazes, ela nunca se sentiu atraída e já demonstrava desde criança ser diferente do que a sociedade gostaria.

— Não vou deixar nada de ruim acontecer com você. Isso não tem nada de mais. Quer saber? Quando surgir uma oportunidade, vou beijar uma menina e você vai ver. É normal. Se você gosta, tá tudo bem. Você precisa ser feliz. Sempre estarei aqui — tentei acalmá-la.

E assim aconteceu: beijei uma menina e nunca mais parei. Acho que tentei de várias maneiras convencer a mim mesma de que não era verdade. Não, eu não gostava, estava apenas fazendo aquilo pela minha irmã.

Meus pais, por incrível que pareça, mesmo vindo da roça, nunca me agrediram ou me ofenderam pela minha escolha. Mas também nunca disseram: "Esta é a namorada da Gue". Para eles, o que realmente importava era que eu estivesse em casa, e até levei uma das minhas namoradas para morar lá. Inclusive, ela ficou morando com a gente por três anos.

Quando decidi que não queria mais o relacionamento, minha mãe disse: "Não a faça sofrer, filha. Se não quer mais, deixe-a voltar para a família dela". Achei aquilo tão bonito da parte da minha mãe.

No fim, fiz minha irmã e qualquer pessoa da sociedade engolirem minha sexualidade e a da minha outra irmã. Eu estava doente por ser feliz? A minha sexualidade nunca foi um problema para mim. Talvez para os outros, mas não para mim.

Hoje, me assusta ver nas redes sociais como as pessoas podem amar o que alguém faz, mas não quem ela é. "Ele é engraçado, mas não vou mais seguir porque o vi beijando um homem." É o tipo de pensamento que nunca fez sentido para mim.

Nunca foi um problema falar sobre isso, discutir meu relacionamento, assumir quem sou. Sempre fui respeitada da mesma forma que respeito a todos.

— Como se fala, é esposa? — perguntou uma mulher.

— Você é o que do seu marido? — respondi com uma pergunta.

— Esposa.

— Mas se ela é esposa, você é o que? — ela continuou.

— Eu sou mulher, continuo sendo mulher, então sou esposa também — respondi, rindo.

— Mas quem é o homem da relação?

— Somos mulheres, então não tem homem na relação — continuei.

Embora o assunto fosse sério e, para muitos, chato, sempre tive paciência para lidar até mesmo com a intolerância.

"Você se tornou homossexual por tudo o que viveu e viu com todos esses homens?", você pode estar se perguntando.

Na verdade, todos os homens com quem me relacionei foram verdadeiros príncipes de filmes da Disney. Tive um namorado que fez uma música para mim, subiu em um palco, tocou, cantou e desceu no meio de uma plateia com um buquê de flores maior do que eu. Outro foi pedir minha mão em namoro aos meus pais. Colocava presentes dentro de conchas e sempre respeitava meu corpo e minhas vontades. Ao longo da minha vida, sempre conheci garotos legais, ao contrário das garotas, que, na maioria das vezes, não foram tão legais assim. Elas eram, muitas vezes, terríveis.

Minha sexualidade nunca foi uma questão terapêutica para mim. Embora, por muito tempo, tentassem me colocar na caixinha da "doença", como se amar fosse uma condição a ser curada. Hoje, olhando para trás, vejo que essa mesma irmã, que um dia talvez teve medo sobre o que a sociedade pensaria de mim e como me tratariam, se tornou meu amorzinho. Agora ela fala de boca cheia, com orgulho: "Esta é a noiva da Gue". É incrível como as percepções mudam e como o amor pode transformar relações, quebrando preconceitos e unindo corações.

Durante minhas sessões de terapia, fiz uma descoberta poderosa: eu poderia me conhecer mais profundamente explorando a minha própria história. Essa jornada de autoconhecimento me ensinou que não há nada de errado em sentir medo, frustrações e arrependimentos. Essas emoções são humanas e, muitas vezes, refletem as experiências que vivemos. Por exemplo, recordo momentos de insegurança em que me sentia incapaz de lidar com os desafios da vida, como a pressão para atender às expectativas dos outros ou as dificuldades em relacionamentos importantes.

A terapia me levou a compreender a importância do perdão – não apenas em relação aos meus pais, mas também a mim mesma, às violências que enfrentei, às pessoas que me machucaram e até à sociedade que, muitas vezes, não acolhe nossas vulnerabilidades.

Aprender a perdoar meu pai foi um processo difícil, mas essencial. Eu percebi que meu pai e minha mãe também lutaram com suas próprias dores e limitações, e isso me ajudou a soltar um peso que eu carregava há muito tempo.

Perdoar a mim mesma foi um passo importante. Muitas vezes, eu me culpei por decisões que tomei, por não ter sido forte o suficiente em certas situações ou por ter deixado que as experiências passadas me afetassem. A terapia me ensinou que todos nós cometemos erros e que isso não define quem somos. Foi um alívio perceber que eu poderia olhar para trás, aprender com essas experiências e seguir em frente.

Confrontar as violências que vivi foi um dos momentos mais desafiadores da terapia. Tinha dias que eu sentia vontade de mentir dentro da minha própria terapia. Mas falar sobre essas experiências em um ambiente seguro me ajudou a processar os sentimentos. Compartilhando, descobri que não estava sozinha e que muitas pessoas também enfrentam lutas parecidas. O quadro "Às cegas" com as minhas clientes mostra isso a cada postagem que faço.

Reconhecer que cada um de nós carrega dentro de si um mundo de sentimentos e experiências é um passo importante para a cura. Todos temos partes de nós mesmos que escondemos, seja por medo do julgamento ou por vergonha. No entanto, falar sobre esses sentimentos é um ato corajoso que pode trazer alívio e liberdade.

Falar sobre emoções nem sempre é fácil, e reviver memórias dolorosas pode ser ainda mais desafiador. Por isso, a terapia me ensinou a importância de respeitar meu próprio ritmo. Aprendi que é possível fechar um capítulo da minha vida, mas também que novos capítulos sempre estão por vir. Cada novo começo traz a oportunidade de me redescobrir e de construir um discurso mais rico e autêntico sobre quem eu realmente sou.

No final, todos nós precisamos de ajuda em algum momento. Mostrar nossa vulnerabilidade não é sinal de fraqueza, é uma demonstração de força e coragem. Ao permitir que os outros vejam nossas lutas, criamos conexões mais profundas e significativas. A jornada de autoconhecimento é contínua e a cada passo vamos em direção ao nosso verdadeiro eu.

E, sim, eu continuo minha sessão de terapia.

Reconhecer que cada um de nós carrega dentro de si um mundo de sentimentos e experiências é um passo importante para a cura.

ALÉM DA CAPA
@gueoliveira

CAPÍTULO 9

SE A OPORTUNIDADE CHEGAR, VOCÊ ESTÁ PREPARADO?

> *"Você está fazendo o seu possível ou o seu melhor? Porque se você ou eu, podendo fazer meu melhor, me contento com o possível, eu caio num lugar perigoso chamado 'mediocridade'. Uma pessoa medíocre é aquela que é morna. Que está na média. Que não é quente nem fria. Porque uma pessoa medíocre é aquela que, podendo fazer o seu melhor, se contenta em fazer só o possível. Mediocridade é falta de capricho. Capricho é você fazer o seu melhor na condição que você tem."*
>
> MARIO SERGIO CORTELLA[7]

Parece paradoxal afirmar que a primeira decisão que você precisa tomar é a de decidir. No entanto, essa é uma das principais razões pelas quais muitas pessoas não conseguem aproveitar as oportunidades que se apresentam. Quando falo de oportunidade, me refiro a uma única chance, não a um conjunto delas. Às vezes, aqueles que acreditam ter várias opções podem não aproveitar nenhuma. Por isso, o foco é um dos pilares fundamentais do sucesso.

À medida que você se depara com a necessidade de tomar decisões importantes, pode se sentir sozinho, achando que todos ao seu redor estão questio-

---

[7] ECOL FACILITIES. **Noção de capricho**. Disponível em: www.youtube.com/watch?v=6fTMmxUVKqs. Acesso em: 1 nov. 2024.

nando suas escolhas. Essas vozes se transformam em dúvidas do tipo: *O que você está fazendo? Vai fechar mais um negócio? E o que as pessoas vão pensar disso?*

Essa pressão social se torna um teste constante da sua sanidade mental. Cada passo que você dá é sujeito a julgamentos, e essa sensação de estar sendo avaliado pode criar um ciclo de insegurança. Muitas vezes, essa pressão externa faz você sentir que está falhando, já que a sua atenção se volta para as opiniões dos outros, enquanto se esquece de suas próprias aspirações e valores.

É fundamental lembrar que, na jornada da vida, os "nãos" muitas vezes têm um peso maior, mas a decisão de seguir em frente, apesar das adversidades, é o que molda o seu destino e a pessoa que você se tornará. Cada negativa enfrentada não é apenas um obstáculo, é uma oportunidade de aprender, crescer e refinar seu caminho. Valorizando esses momentos, você se prepara melhor para reconhecer e abraçar as oportunidades que realmente importam.

Inevitavelmente, as críticas vão aparecer. Não importa o que você faça, sempre haverá alguém disposto a opinar sobre suas escolhas e ações. Já percebeu que continuar fazendo a mesma coisa não vai te trazer resultados diferentes, certo? O que essas pessoas estão fazendo que você ainda não fez? Para se tornar alguém confiante, respeitado, que defende sua marca pessoal e é admirado por amigos, familiares, conhecidos e clientes, é necessário um salto de fé. SIM! O que vou compartilhar aqui é direcionado a você.

Com apenas 23 anos, deixei minha zona de conforto e me mudei para o Rio de Janeiro. Desde o início deste livro, enfatizo que a repetição de comportamentos não me levaria ao reconhecimento que buscava. Não existe verdadeira confiança quando aqueles ao seu redor te rotulam como louca. Isso se tornou um padrão em cada decisão que tomei – desde opiniões de amigos e familiares até comentários de parceiros. No final das contas, a batalha é entre você e suas próprias convicções.

Já reparou que muitos dos que oferecem conselhos nunca se arriscaram a fazer algo verdadeiramente extraordinário em suas vidas? Essas pessoas estão ali apenas para apontar o dedo, como se tivessem a autoridade de criticar ou direcionar suas escolhas. A lição mais poderosa que aprendi é que você precisa se posicionar e reconhecer seu valor inestimável antes de esperar isso dos outros. É crucial entender que você detém o poder sobre a sua própria história. Não deixe que as vozes externas abafem seus sonhos e aspirações. Ao se afirmar e confiar em seu potencial, você se destaca e se torna uma fonte de inspiração para aqueles ao seu redor. O caminho para o sucesso pode ser muitas vezes solitário, mas a recompensa por seguir seu coração e suas convicções é imensurável.

Lembre-se: você é o arquiteto do seu destino. Cada passo que você dá em direção aos seus objetivos é uma declaração de sua força e resiliência. Não hesite em lutar pelo que acredita. O mundo precisa da sua voz, da sua visão e da sua coragem. Portanto, levante-se, tome as rédeas da sua vida e faça valer a pena. O futuro pertence àqueles que têm a audácia de sonhar e a determinação de realizar.

VOCÊ NÃO PEDE UM MILAGRE A DEUS E DEPOIS RECLAMA

Era mais uma daquelas noites de Réveillon. Uma noite que deveria ser de alegria e celebração, mas eu não tinha comprado nenhuma roupa nova nem tinha para onde ir. O clima de festa estava no ar, mas eu me sentia à parte. Minha irmã já tinha saído para uma festa de um jogador famoso, toda animada, perguntando se ficaríamos bem em casa. Enquanto ela estava indo para um evento superdesejado por muitos, eu me via diante de algumas opções nada atraentes: esperar que ela tentasse um convite de última hora, ir para a praia superlotada e distante, onde mal conseguiríamos nos mover entre as pessoas, ou comprar um ingresso caríssimo para uma festa onde só teria desconhecidos. Outra possibilidade seria me enfiar em uma boate, cercada por desconhecidos, sem ver os fogos de artifício durante a contagem regressiva de 10... 9... e assim por diante.

A alternativa que mais me atraía era ficar em casa com minha noiva e o pequeno Ravi, nosso recém-chegado ao mundo – um bebê extremamente lindo, com seus olhinhos curiosos e uma viradinha de cabeça que derretia meu coração, um cãozinho lindo e bagunceiro vivendo seu primeiro ano-novo.

Sem dúvida, minha decisão era ficar em casa. Nas últimas semanas, eu enfrentava turbulências no salão, quase à beira do fechamento devido à falta de clientes. Além disso, minha sociedade com uma amiga não estava dando certo e a pressão era diária. A ideia de estar em um ambiente cheio de gente rindo e celebrando, enquanto eu me sentia um fracasso, não me atraía nem um pouco.

Enquanto eu pensava sobre isso, recebi uma mensagem da minha irmã. Ela estava feliz e disse para nos arrumarmos, pois tinha conseguido um convite. Mas teríamos que ir com uma amiga dela, o que tornou a situação um pouco mais complicada. Assim que minha noiva leu a mensagem, sua expressão mudou instantaneamente, a animação estava estampada no seu rosto e ela correu para o banheiro, ansiosa para se arrumar.

— Vai se arrumar também! — disse ela, saindo do banho com a maquiagem toda na mão e ajeitando o cabelo em frente ao espelho. Seus olhos brilhavam com a possibilidade de não ficar em casa.

— Já vou — respondi, tentando esconder meu desânimo contrastante.

Liguei para a amiga da minha irmã, mas, para minha surpresa, ela não estava nada animada em dividir um Uber que custaria quase 500 reais. Assim que ela cancelou, percebi que o convite estava perdido. Era comum nessas festas aceitarem apenas mulheres solteiras e por isso minha irmã estava lá, enquanto nós não éramos exatamente o que eles buscavam. Além disso, tinha sempre a exigência de enviar fotos antecipadamente, como se a beleza fosse a única coisa que importasse na escolha de quem seria bem--vindo. Naquela noite, não tínhamos mais opções, e senti um alívio imenso por poder ficar em casa. Minha disposição para festas já tinha mudado há algum tempo. A ideia de ir a um evento e ficar admirando a vida de um famoso não me atraía. O que eu realmente queria era a tranquilidade do lar, e a oportunidade de criarmos memórias simples, mas significativas com o pequeno Ravi.

Se foi importante para um cãozinho eu não sei, mas só de senti-lo aqui ao meu lado dois anos depois, enquanto escrevo este livro, me faz concluir que valeu.

— O que será que temos para comer? — perguntei.

— Não tem nada — Dani respondeu.

Abri o armário e encontrei meio pacote de macarrão, alho na geladeira e azeite.

— Pronto, vou fazer macarrão pra gente — disse, tentando parecer animada.

Ela não estava feliz por ficar em casa, era nítido que queria sair, mesmo assim entrou no clima, como sempre faz com o que tem. Quando deu meia-noite, fomos até a sacada com o Ravi no colo para que ele não se assustasse com os fogos. Falamos que aquele ano seria diferente e que, nos próximos, as pessoas nos convidariam para festas incríveis e que famosos iriam nos conhecer. Para mim, foi uma virada de ano incrível, não posso dizer o mesmo pela Dani ou pelo Ravi, mas eu estava onde queria, com quem queria. Eu não via a necessidade de me relacionar com pessoas que não faziam sentido para mim. Naquele momento, eu já estava em terapia, ressignificando muitas coisas, me aceitando como realmente sou e me entendendo como pessoa.

O ano de 2022 começou muito confuso. Eu não vivia um período bom e vários processos estavam acontecendo: funcionários saindo, minha "sócia" dizendo que não conseguia mais ficar no negócio, contas se acumulando na gaveta, o sonho desmoronando mais uma vez. É cansativo nadar, nadar e morrer na praia. Por que eu sonhava tão alto? Para que sonhar tão grande? Estava exaustivo tudo aquilo.

— O que vamos fazer? — perguntou um colaborador do salão, um dos poucos que ficaram, logo depois que retornamos a trabalhar em meados de janeiro.

— Cara, eu não sei, mas sinto que algo grande está por vir. — Parecia que ouvia mais uma vez a voz de Deus me pedindo que tivesse calma.

— Se você está falando, então eu acredito — ele respondeu. Olhei para aquele espaço enorme, cada vez mais vazio.

— O que estou fazendo? — perguntei a mim mesma, com vontade de desabar. Não sei dizer quantas vezes entrei no carro sozinha para chorar. Sentia um vazio tão grande no peito e a incapacidade de fazer as coisas darem certo que chegava a doer.

QUANTAS VEZES SERÁ PRECISO ASSUMIR RISCOS?

— Eu vou segurar aqui no banco e você se posiciona. Quando eu soltar, você mantém o equilíbrio — disse para minha irmã, segurando o banco da bicicleta enquanto ela se ajustava para descer a ladeira de um morro muito alto e perigoso, onde passavam muitos carros.

— Tô com medo — ela respondeu.

— Vai, seja corajosa, eu tô aqui — incentivei, dando um empurrãozinho.

Ela ia muito bem até que, lá embaixo, se descontrolou ao frear para não pular o quebra-molas. O tombo foi tão feio que ela não se mexia.

— Levanta! — eu gritava, chorando de desespero.

Saí correndo em direção à nossa casa, que era longe, mas cheguei tão rápido que senti a sola do meu pé queimando no asfalto.

— Ela morreu, ela morreu! — gritei, em lágrimas, para minha mãe.

Meus pais entraram no carro e, quando chegaram, encontraram minha irmã sentada no meio-fio, toda machucada, mas viva. E, claro, eu apanhei e fiquei de castigo.

— Você viu que eu quase consegui? Você sentiu orgulho de mim? — perguntou minha irmã, toda arrebentada, com os olhos brilhando.

Eu ri e respondi:

— Você foi incrível!

Em outra ocasião, ela decidiu se esconder atrás de um fusca que estava na beira de um penhasco. Não sei como conseguiu, mas acabou derrubando o carro, que caiu de cabeça para baixo.

— Corre e não volta tão cedo! — gritei para ela antes que nossa mãe chegasse.

Naquele dia apanhamos juntas, mas, como ela era mais magrinha do que eu, eu apanhava mais. Aleatoriamente, as crianças também me culpavam por coisas que eu não fazia.

— Foi a filha da dona Maria! — E assim eu apanhava. Às vezes eu fugia o dia todo para que ela esquecesse. Mas como dizem: "galinha de casa não se corre atrás". Quando eu voltava, o episódio ainda estava fresco na cabeça da minha mãe.

A verdade é que sempre assumi as responsabilidades de todo mundo ao meu redor. Sofria as consequências não apenas das minhas próprias atitudes, mas também das escolhas dos outros. Saía de uma sociedade trazendo todas as dívidas, os compromissos e o peso das expectativas. Por diversas vezes, acabei um relacionamento deixando tudo para trás, casa mobiliada, carro e tudo o que eu tinha conquistado com muito trabalho, só para não ter nenhuma dívida emocional e qualquer vínculo.

Porém, chega um momento na vida em que você se cansa de carregar o fardo dos outros. Quando você ainda é criança, tem energia de sobra e capacidade de recomeçar a cada novo dia. Mas, à medida que os anos passam, a realidade se torna mais pesada. O problema é que tudo, absolutamente tudo, reflete naquilo que você é hoje. Uma questão não resolvida no passado se transforma em um fantasma que te persegue no presente e no futuro. Ele olha para você, diminui suas esperanças e enfraquece suas chances de felicidade e realizações.

Como estava dizendo, 2022 começou difícil para mim. O ano definitivamente tinha tudo para ser um dos piores da minha vida, concorda? Pois é, mas lembra também que falei para meu funcionário que eu sentia que algo grande estava por vir?

Um dia, a Aline, minha amiga, chegou ao salão, quase sem clientes, e falou assim:

— Amiga, faz o meu cabelo? — pediu superempolgada

— Beleza, eu faço! — respondi, olhando para o salão que naquele dia atendia apenas uma cliente.

— Mas eu quero fazer o cabelo sem ver — ela disse ainda mais empolgada, com uma gargalhada que só ela tem.

— Tá bom! Já fiz seu cabelo sem você ver diversas vezes mesmo — respondi, ainda atendendo à cliente que estava no salão antes dela.

Essa situação de não ver não era novidade para mim; afinal, eu costumava colocar as clientes de costas para o espelho porque eu tinha insegurança no processo e não queria que elas vissem o que eu estava fazendo, porque, se eu errasse, pelo menos conseguiria consertar antes de elas verem o resultado.

Aline sugeriu que eu escrevesse em duas folhas separadas localizadas atrás dela algumas opções como: "loiro ou castanho iluminado", "corta, não corta". E eu colocava um óculos com um papel em seus olhos e elas apontavam para a opção que queriam que eu fizesse no cabelo delas e não viam nada do processo, somente o resultado. Era um verdadeiro entretenimento.

Gravei a brincadeira com a Aline, postei o vídeo, sem imaginar a repercussão que teria. Os meus vídeos até então alcançavam cerca de 5 mil visualizações e esse ultrapassou as 100 mil. A ideia daquela brincadeira pareceu ótima, comecei a aplicar nas minhas clientes e chamei o quadro de

"Transformação às cegas". Mas não pense que tudo mudou da noite para o dia. Eu continuava sem clientes e desesperada para saber como iria pagar as contas daquele enorme salão.

Comecei a oferecer o quadro a todas as clientes e, para as que não queriam, eu dizia que, se não desse certo, elas não pagariam. Durante três meses, produzi o mesmo quadro sem viralizar, só gerando um pouco mais de engajamento e atraindo mais clientes, o que já era ótimo, é claro.

Até que, no dia 6 de julho de 2022, um vídeo do quadro viralizou de verdade. Minha cliente, na época com 17 anos, tinha um sonho de cabelo e eu não sabia qual era. Iniciei mais um processo e a energia do quadro era sempre muito forte; mesmo sem ver, as pessoas apontavam para aquilo que elas realmente queriam. Quando ela abriu os olhos na frente do espelho e deu um berro, começou a chorar e olhar para a mãe, dizendo que estava linda, e todos no salão se emocionaram. Conseguimos pegar uma cena da mãe dela chorando, ela chorando e eu também chorando ao ver a minha cliente tão emocionada. Postei aquele vídeo e fui dormir feliz com menos de 60 mil seguidores no Instagram e 6 mil no TikTok. No dia seguinte, acordei com mais de 100 mil seguidores no Instagram e quase 300 mil no TikTok.

A partir daquele momento, tudo mudou. No dia seguinte, as linhas de atendimento da empresa estavam congestionadas e meu rosto, até então anônimo para muita gente, aparecia em todas as páginas de notícias. Veículos de televisão, redes sociais, rádio e jornais queriam me entrevistar. "A cabeleireira que viralizou a tendência em que a cliente fica às cegas" – o título estava em todos os lugares. O que começou com uma ideia para atrair mais clientes e pagar as contas fez meu trabalho virar um fenômeno.

A partir daí, o quadro começou a viralizar em todos os lugares. Vários profissionais fazendo a mesma coisa começaram a viralizar também. Num primeiro momento, falei: "Poxa, essa era a minha oportunidade, não a oportunidade de outras pessoas!". Um dia, fui a um evento e várias pessoas me perguntaram se eu combinava com as clientes antes, já tendo a certeza de que a resposta seria "sim". Respondi: "Não, eu não combino. Por quê? Vocês estão combinando?".

Saber que o quadro estava sendo usado de maneira errada me gerou uma espécie de revolta e disse para Dani: "Vou destruir o quadro". Ela pediu que eu não fizesse isso; afinal, o quadro ainda estava viralizando e muita gente gostava. Mesmo assim, fui diminuindo esperando por uma nova ideia.

Segui com o meu trabalho normalmente até que um dia atendi a uma cliente borderline que chorava muito. Então fui pesquisar para saber o que significava ser um borderline. De forma direta, o Google me disse: "uma tendência a se sentir sozinho", óbvio que não era somente isso. Mas foi ao que me apeguei e garanti a ela que, se contássemos a sua história, ela jamais se sentiria sozinha novamente e várias pessoas compartilhariam do mesmo sentimento. Eu só queria que ela se sentisse melhor e nem percebi que ali estava surgindo não somente um quadro novo, mas também um propósito de vida.

Sobre o quadro "Transformação às cegas", em seu primeiro formato de entretenimento, a Aline falou o seguinte: "Eu te trouxe uma ideia, mas se eu tivesse feito, não teria viralizado. Ele viralizou porque você colocou a ideia do seu jeito, com o seu toque". Mesmo assim, faço questão de honrá-la. Embora várias pessoas me "aconselhem" a não expor que a ideia do quadro não foi minha, eu não consigo. A Aline é muito importante para mim, é parte essencial da minha história, da minha resiliência também em relação à minha profissão. Talvez eu não tivesse aberto salão a novos colaboradores se não fosse ela me forçando a tê-la como colaboradora, a minha primeira, o que representou mais um empurrão para o meu crescimento. Então, obrigada, minha amiga.

OS DOIS LADOS DA FAMA

Voltando àquele dia após a viralização do vídeo, eu dormi anônima e acordei famosa e essa nova realidade trouxe um turbilhão de emoções. A fama tem seu preço e a sensação de estar sob os holofotes era intoxicante e aterrorizante. As expectativas aumentaram, e, ao mesmo tempo que eu experimentava a alegria de ser reconhecida, também sentia o peso das responsabilidades que essa nova identidade carregava. Era um novo começo, mas também um teste do que eu havia aprendido até então.

Eu não conheci o gosto da crítica somente a partir daquele dia, a verdade é que cresci ouvindo críticas. Chegaram comentários do tipo: "Ela nem é tão boa assim", "Ela se acha psicóloga", "Estão dando muito palco para essa cabeleireira", "Daqui a pouco ela cai", "Trabalho feio", e "Vocês não conhecem ela, tudo mentira". As vozes embutidas nesses comentários nunca silenciavam.

Os *haters* chegaram junto com todo esse processo de reconhecimento, mas na maioria das vezes as críticas não tinham rostos, eram apenas palavras frias digitadas por trás de telas, que machucavam profundamente. Essa era a face oculta da fama: a adulação por um lado e o ódio por outro.

Então aprendi que tudo na vida tem dois lados, e equilibrar esses extremos não é nada fácil. Às vezes as palavras de apoio e encorajamento eram ofuscadas pelos gritos de desdém. Cada julgamento jogava uma sombra sobre a luz do meu sucesso. Nesse turbilhão, foi um desafio constante manter a confiança em mim mesma e lembrar do que realmente importava: a minha paixão pelo que faço.

A fama trouxe um novo tipo de vulnerabilidade. Enquanto algumas pessoas me viam como uma fonte de inspiração, outras estavam prontas para me derrubar. A experiência me ensinou que para cada aplauso sempre haverá uma crítica, e a verdadeira força reside em permanecer fiel a si mesma, independentemente do que os outros pensam e falam.

— Tá famosa! — era o que as clientes e pessoas próximas diziam. Mas, honestamente, eu estava mais feliz com a avalanche de clientes que chegavam todos os dias do que com a fama repentina.

Era como se eu tivesse colocado o barco no mar, com a esperança de pegar muitos peixes, mas por meses ele tivesse permanecido sem nada. Eu lançava a rede de novo e de novo nas águas apenas para ela voltar vazia. A cada manhã, eu acordava com a mesma expectativa, acreditando que finalmente seria o dia em que os peixes viriam. Mas, em vez disso, encontrava apenas a frustração e o cansaço acumulado. A sensação de estar presa em um ciclo sem fim era exaustiva.

Então, de repente, a calmaria foi substituída por uma tempestade violenta. O céu escureceu rapidamente e nuvens carregadas se formaram, como se o universo estivesse desabando sobre mim. O vento uivava e as ondas se erguiam, batendo contra o casco do barco com muita força. O meu coração disparava e a ansiedade tomava conta de mim. Eu lutava para manter o barco, segurando-o firme. Mas, como todas as tempestades, essa também passou. Quando o sol finalmente surgiu, a luz iluminou as águas, revelando um cenário completamente transformado. Os peixes pulavam ao redor do barco. Eles entravam sem esforço, atraídos por uma nova energia que tinha restado da tempestade. Após tanta luta e dor, o universo finalmente me recompensava.

Aquele amanhecer trouxe muito além dos peixes esperados: uma nova perspectiva. Percebi que, embora as tempestades sejam assustadoras e desafiadoras, elas também têm o poder de limpar o caminho e abrir espaço para novas oportunidades. A partir daquele momento, eu sabia que estava pronta para navegar em mares desconhecidos, com a certeza de que, mesmo que tempestades surgissem novamente, eu teria a força necessária para enfrentá-las.

UM NOVO PERCURSO

Se eu exagerei? O importante é que continuei no barco, mas agora com um novo percurso. Dois meses depois de tudo aquilo, percebi que não podia mais sofrer as consequências de decisões ruins. Até então, mantinha o negócio aberto por conta dos outros, por ego, apenas para provar a mim mesma que havia feito algo certo na vida. Mas isso me levou a negligenciar o que realmente importava: cuidar de mim. Então, quando declarei:

— Vou fechar o salão.

A reação foi imediata:

— Como assim? Logo agora? Vão dizer que você faliu!

A verdade é que eu já não me importava mais com o que os outros pensariam.

— Estou fechando um negócio para dar início a uma carreira.

Queria olhar para mim, para a minha trajetória e não para o meu negócio. Não queria mais me preocupar se haveria clientes para os meus colaboradores ou não. Eu sabia que fazia o suficiente para ter clientes na minha cadeira, mas, sinceramente, não via o mesmo empenho neles. Havia certo comodismo; para eles, se não houvesse clientes, tudo bem, já tinham faturado o que precisavam para o mês. Porém, essa mentalidade não sustentava a estrutura.

Entendi que era cansativo demais esperar que outras pessoas quisessem o que elas mesmas não desejavam. Aceitar isso foi a parte mais difícil.

— E se todo mundo quisesse o que você quer? Não precisaria existir você. Por isso, você é a proprietária, e eles são colaboradores — minha noiva me disse. E ela tinha razão.

A decisão estava tomada: fechei as portas. E, pela primeira vez, experimentei ser associada a outro espaço, não mais como proprietária. Conviver com outras pessoas e com as regras de outro lugar era algo incomum, mas era um aprendizado que precisava ser vivido. Não tinha mais que me preocupar com a agenda de ninguém, com a recepção ou com a limpeza do lugar. Não precisava mais ouvir as demandas de pequenas coisas diárias, como "Acabou o papel higiênico", que precisavam ser feitas e administradas. Foi um alívio. Estava finalmente livre para me concentrar no que realmente importava: minha carreira, meu crescimento e, acima de tudo, meu bem-estar.

Estamos sempre tão preocupados com a opinião de outros que esquecemos o que realmente importa. Vivemos em um mundo onde as vozes externas, os julgamentos e as expectativas dos outros muitas vezes falam mais alto do que nossas próprias necessidades e desejos. Não se trata apenas de abrir ou fechar um negócio, tanto é que oito meses depois tomei a decisão de abrir meu espaço novamente. Essa escolha não teve a ver só com empreender, mas com redescobrir minha paixão e propósito.

Voltar a me preocupar com as pequenas coisas, como a decoração do ambiente, o atendimento ao cliente e a gestão financeira, trouxe de volta um sentimento de realização.

Cada detalhe, cada tarefa, que antes parecia uma obrigação, havia se transformado em uma oportunidade de criar algo que realmente amava. Enquanto cuidava dessas questões, não pude deixar de me perguntar: *Quantas vezes você vai se importar não com o seu bem-estar, mas com o que os outros pensam a seu respeito?*

Se você precisar desistir de algo agora para olhar para o futuro com mais clareza e certeza, faça! Essa é uma lição que aprendi da forma mais difícil. Muitas vezes, a pressão para manter as aparências ou seguir o que os outros consideram correto pode nos levar a um caminho de autossabotagem. É preciso coragem para se afastar do que não serve mais, mesmo que isso signifique deixar para trás expectativas que você mesmo criou ou que outros impuseram.

Muitos dirão que desistir é um ato de fraqueza, mas posso afirmar que é exatamente o oposto. Desistir requer uma coragem imensa, é preciso ter força de vontade para não deixar o ego dominar, para não entrar em um jogo de comparação e competição que apenas nos desgasta. O melhor caminho é aquele que nos leva a um espaço de paz, longe do barulho externo. Parte do adoecimento mental que enfrentamos hoje está diretamente relacionado às expectativas que os outros colocam sobre nós, e não ao que realmente desejamos.

O bom de percorrer o mesmo caminho algumas vezes é que, errando ou não, no final você sempre pode tirar uma lição valiosa. Cada erro se torna uma oportunidade de aprendizado e cada acerto uma confirmação do que você realmente quer. Ao final, o que importa não são as opiniões alheias, mas a jornada que você trilha e o crescimento que ela proporciona. Ao colocar o foco em si mesmo e em suas próprias metas, você descobre o que é mais importante, mas também quem você realmente é.

O EGO PODE TE DESTRUIR

Quando a oportunidade chegou, eu estava pronta. Pronta para me tornar incansável e para mergulhar de cabeça em um novo capítulo. Quando outros começaram a copiar aquilo que eu fazia, eu não tive a maturidade necessária para entender quão valioso era aquele reconhecimento. Em vez de celebrar a imitação como um sinal de que estava no caminho certo, deixei que o meu ego falasse mais alto e destruí meu próprio quadro.

Isso se chama ego. Poderia simplesmente ter terminado tudo ali, sem talvez ter outra chance. Mas, em vez disso, decidi pensar em algo que, embora fosse comum, era pouco explorado nas redes sociais. Comecei a ouvir ainda mais atentamente as histórias dos meus clientes. Suas narrativas que muitas vezes passam despercebidas são ricas em significado e aprendizado.

Assim, meu quadro se tornou disruptivo. O que antes era uma prática natural de ouvir se transformou em uma jornada de conexão e transformação.

Eu não apenas ouvia, mas extraía lições valiosas e insights que muitos não percebiam. Aquilo que eu já amava fazer me levou a lugares ainda maiores, a uma rede de pessoas incríveis que compartilhavam suas experiências e desafios. Foi e está sendo lindo!

A diferença naquele momento era que eu estava desconstruindo um mercado já existente. Em vez de seguir o fluxo, optei por olhar para onde ninguém ainda olhava. Ouvindo as histórias das pessoas, pude perceber suas necessidades, aspirações e a falta de representatividade em muitos espaços. Isso me permitiu criar um ambiente onde cada voz é valorizada e cada história tem seu lugar. O que começou como uma ideia se transformou em uma plataforma que trazia a individualidade e unia as pessoas por meio de suas trajetórias. Elas não estavam mais sozinhas. Suas histórias se completavam, se acolhiam e se ressignificavam.

==Esse processo de desconstrução me ensinou que o verdadeiro poder está em ouvir e aprender com os outros. Em vez de competir, decidi colaborar, e essa escolha ampliou meu horizonte e me trouxe um senso renovado de propósito e significado. A jornada, que começou com uma necessidade de validação, se transformou em uma missão de empoderamento e conexão.==

Subi em um palco pela primeira vez como palestrante e, com a voz firme e o coração acelerado, disse:

— Eu não estou aqui porque vocês me colocaram aqui. Vocês, meus colegas cabeleireiros, me machucaram. Hoje, eu subo neste palco porque meus clientes, pessoas que nada entendem de cabelo, me escolheram. Vocês me disseram que eu não era boa o suficiente e que tinha dado sorte. — E não parei por aí. — Por que vocês estão postando mulheres perfeitas? Não são essas mulheres perfeitas que estão se sentando nas suas cadeiras e pagando suas contas.

As reações foram intensas. Algumas pessoas gritavam "maravilhosa!", enquanto outras, emocionadas, deixavam as lágrimas livres. E, então, todos se levantaram para aplaudir. Aquela foi mais do que uma simples palestra. Muitos se identificaram com a realidade de competir uns com os outros dentro de nossas profissões e apoiaram a causa.

Sempre sonhei em sair do anonimato com uma missão específica: dar voz àqueles que não têm. Essa missão ficou ainda mais intensa com os meus clientes, especialmente o público feminino. A sociedade construiu um estereótipo de beleza que dita que a mulher perfeita precisa ser magra, ter olhos claros, cabelos longos e sedosos, um ideal muitas vezes inatingível e que deixa milhares de mulheres se sentindo inadequadas.

Com essa distorção do conceito de beleza meu questionamento passou a ser: "O que é belo para você?". Essa dúvida se tornou uma constante em minha vida. Eu me perguntava se estávamos realmente vendendo beleza ou a doença do mundo. Uma doença que se alimenta da insegurança e da comparação. A cada cliente que se sentava na minha cadeira, essa pergunta ecoava ainda mais forte e eu me sentia cada vez mais convencida da importância do meu trabalho. Enquanto a maioria dos profissionais se contentava em postar *feeds* perfeitos, repletos de imagens de mulheres que se encaixam nesse padrão irreal, eu decidi tomar um caminho diferente.

Minha escolha foi mostrar histórias reais, de pessoas reais. Clientes que, ao passar pela capa, não apenas mudavam a aparência, mas revelavam suas essências. Cada transformação era um ato de coragem, uma afirmação de identidade e uma celebração da individualidade. Eu vejo a vulnerabilidade como uma força, não como uma fraqueza. Cada cabelo, cada corte ousado é uma forma de expressão que desafia os padrões impostos pela sociedade.

É sempre emocionante testemunhar como, a cada nova transformação visual, as pessoas se sentem mais confiantes e mais autênticas. Mulheres, homens e crianças, todos em busca de si. Eles começam a enxergar a beleza que sempre esteve dentro deles, mas que havia sido ofuscada pelas expectativas externas. Meu salão se tornou um espaço seguro, um refúgio onde todos podem ser quem realmente são, longe das pressões de um mundo que frequentemente dita regras de como devemos nos apresentar.

Através dessas transformações, eu faço mais do que mudar a aparência dos meus clientes, eu os ajudo a mudar o discurso que contam sobre si mesmos. A beleza se tornou, portanto, um ato de resistência, uma maneira de desafiar os estereótipos e de reivindicar o próprio espaço no mundo. Uma mudança que espero expandir para além das paredes do meu salão e das minhas redes sociais. Esses foram apenas os primeiros passos.

Por meio do cabelo, eu consegui conectar profundamente com essas pessoas, criando laços que ultrapassam o superficial. Cada história que eu ouvia e que ouço, cada lágrima compartilhada e cada sorriso de satisfação fazem parte de uma missão maior: a de redefinir o que significa ser belo.

Quando uma pessoa comum teria a chance de ser vista por milhares de outras pessoas, sem precisar ir a um programa de televisão marcado por tragédias ou se tornar alvo de críticas incessantes nas redes sociais? Em um mundo onde a fama muitas vezes é atrelada ao sofrimento ou à exposição excessiva, eu quis desafiar essa realidade. Meu objetivo é mostrar que a verdadeira beleza não reside em um ideal inatingível, mas sim nas histórias ricas e autênticas que cada uma dessas pessoas carrega em si. Cada transformação que eu realizo é mais do que uma simples mudança estética, é uma nova história sendo escrita, uma vida se transformando, uma autoestima sendo resgatada. E você não imagina a realização que sinto ao oportunizar tudo isso!

O salão se tornou um palco onde a beleza genuína passou a ser celebrada em sua diversidade. Um espaço onde cada mulher, cada homem e cada criança pode se olhar no espelho e ver não apenas um novo cabelo, mas um reflexo de sua força, de suas lutas e de suas vitórias. As histórias que ouço durante essas transformações são poderosas, cada cliente traz uma bagagem única e, ao abri-la, permite que eu faça parte da sua jornada. Me sinto muito honrada por isso.

Então, sim, "cabelo foi a desculpa que eu achei para me conectar com pessoas". O que começou como uma paixão pelo trabalho se transformou em uma poderosa ferramenta de empoderamento e transformação. Através do cabelo, eu consegui dar voz àqueles que, por muito tempo, haviam permanecido em silêncio. Em cada conversa, em cada corte e em cada cor, eu vi pessoas se redescobrindo, recuperando a confiança que havia sido minada por padrões irreais e expectativas sociais.

A beleza é multifacetada e, ao celebrá-la em suas várias formas, estamos desafiando as histórias que nos limitam. Ou seja, eu não apenas mudo a aparência das pessoas, eu ajudo a construir uma nova percepção de si mesmas, abrindo espaços para que sejam protagonistas de suas próprias histórias. E assim, juntos, estamos escrevendo um novo capítulo, no qual a beleza verdadeira não é medida por padrões, mas pela autenticidade e pela coragem de ser quem realmente somos.

EU CONHECIA O MUNDO PELOS OLHOS DOS OUTROS

— Vai demorar muito ainda? — perguntou uma cliente, visivelmente impaciente.

— Sim, vai sim. Se você quiser, pode marcar para outro dia, talvez seja até melhor. Como você sabe, atendemos por ordem de chegada e ainda tem seis pessoas na sua frente.

Antes de ficar doente, as mechas custavam 199 reais, e muitas vezes não havia clientes no salão. Depois, tinha filas todos os dias do lado de fora. Havia dias em que eu fazia sozinha trinta mechas, enquanto um colaborador escovava os cabelos de quem já estava pronto.

— Eu vou esperar — disse ela, bem arrumada, se misturando às outras clientes, que olhavam se perguntando o que ela estava fazendo ali.

— Vou pegar o seu cabelo por volta da meia-noite.

— Eu cheguei às 14h — ela respondeu, com semblante de frustração.

— Como eu disse, seria bom se você pudesse remarcar. Estou praticamente sozinha. — Naquele dia, outra cliente, que costumava fazer o cabelo em casa, estava me ajudando a atender no caixa, enquanto uma amiga dentista lavava os cabelos para mim.

As clientes, mesmo esperando mais de sete horas, não iam embora, conversavam sobre tudo e pediam lanches, enquanto eu pulava de cabeça em cabeça.

— Acabei de voltar da Europa. Já fui a Roma algumas vezes, mas é sempre maravilhoso.

— Eu não conheço Roma, mas amo ir a Paris no inverno, a Torre Eiffel fica linda e iluminada. Olha essa foto que tirei lá!

Eu observava aqueles lugares incríveis que sempre via em filmes e séries.

— Você conhece, Gue?

— Ainda não, mas acho que prefiro os Estados Unidos, Nova Iorque — falei.

— Nova Iorque é a sua cara — ela continuou, animada. — Madison Avenue é uma das minhas preferidas.

Claro que eu não conhecia, então, em uma pausa, corri para o banheiro e digitei no Google: "Madison Avenue". A descrição falava sobre suas lojas de grife, boutiques elegantes e um lugar vibrante.

— Eu adoro ir jantar. Geralmente vou ao Le Bernardin; a culinária é francesa, com foco em frutos do mar. Sempre peço a indicação da casa. Da última vez, comi um tuna tartare fresco. Você gosta de frutos do mar, Gue? — ela perguntou, compartilhando sua experiência em seu restaurante favorito de Nova Iorque. Eu não fazia ideia de qual prato era esse que ela havia falado.

— Tenho alergia a camarão — respondi.

Depois fui pesquisar e descobri que era um dos restaurantes mais prestigiados da cidade, localizado na West 51st Street, perto da Times Square, em uma das áreas mais nobres. Nas fotos que vi, fui imediatamente envolvida pela elegância discreta do lugar, com uma decoração em tons de cinza e branco que criava uma atmosfera contemporânea e acolhedora, os detalhes em madeira traziam uma sensação de tranquilidade.

— O prato de vieiras com molho de manteiga de limão é um dos meus preferidos — ela disse, superempolgada.

O que são vieiras?, pensei, balançando a cabeça e sorrindo.

— Qual é o seu lugar preferido para comer em Nova Iorque, Gue?

Como eu poderia explicar que só porque havia dito que preferia não significava que já tinha ido?

— Então, na verdade, eu nunca fui. Só vejo em séries e filmes. Mas acho que, se um dia eu viajar para fora, o que ainda não aconteceu, gostaria de ir para lá.

— É a sua cara! — ela disse, sem julgamentos. — Quando tiver a oportunidade, vá! Você vai amar. E se puder ir ao Le Bernardin, vai adorar.

Ela falou isso minutos depois de eu perguntar a uma cliente, duas cadeiras à frente, se ainda queria o lanche, pois, caso contrário, eu levaria para a parte de cima, onde descartávamos o lixo. O que ela e muitas outras clientes não sabiam é que, às vezes, eu e alguns colaboradores comíamos as sobras de batata e o que restava. O valor das mechas mal cobria as despesas mensais com colaborador e produtos.

Mas, apesar de tudo isso, conheci muitos lugares do mundo e seus detalhes pelos olhos delas. No fim eu sempre dizia: "Acho que não tenho vontade de sair do Brasil. Ainda tem muita coisa para conhecer aqui". A verdade é que eu morria de medo de avião e não sentia que um dia teria condições de fazer uma viagem internacional, muito menos de frequentar lugares com pratos superelaborados.

Porém, nunca sabemos o que está reservado para nós. No dia 23 de novembro de 2022, recebi uma mensagem de um número desconhecido. "Oi, Gue! Tudo bem? Estamos desenvolvendo um projeto de reality-show de cabelos em parceria com um cabeleireiro internacional e estamos procurando um *co-host* para apresentar o programa com ele. Gostaríamos de saber se você teria interesse em conversar com a gente."

Olhei para a Dani assim que vi a mensagem.

— Amor, olha isso! Deve ser mentira, né? Acho que nem vou responder.

— Responde sim! Pergunta o que é.

Demorei cerca de duas horas para responder, achando que alguém estava me passando um trote e já me preparando para um pedido de dinheiro.

— Me conta mais, parece superinteressante. Mas como me acharam?

— Conhecemos seu perfil pelo seu trabalho. Tentei entrar em contato pelo Instagram, mas você não respondeu. Tinha alguém em comum que tinha seu número. Você mora em São Paulo, né?

— Infelizmente, não. Sou do Rio! — respondi, de forma seca e superdesconfiada.

— Eles amaram seu perfil! Me deixa ver se conseguimos marcar uma conversa on-line com você.

— Tá OK, fico aguardando. Mas me explica mais sobre o projeto. Vocês devem ter algum tipo de portfólio, né? Quem é o famoso cabeleireiro internacional? Se puder me explicar mais, eu agradeço.

O convite mencionava um reality-show com edição no Brasil, em parceria com a Shine, responsável pelo sucesso de programas como The Voice e MasterChef, entre outros. No dia seguinte, ela me enviou as informações, perguntando se eu tinha interesse e dizendo que poderia arrumar um bate e volta até São Paulo para uma entrevista. Eles escolheram três cabeleireiros muito famosos de uma lista imensa, e o meu perfil foi selecionado.

— Precisamos do seu nome completo para emitir a passagem.

Essa era a parte mais difícil, pois, por mais de quinze anos, eu tinha escondido definitivamente o meu nome. E, naquela altura, em apenas quatro meses, eu havia me tornado um fenômeno na internet, com mais de 350 mil seguidores. A maior pesquisa do Google sobre mim passou a ser: "Qual é o verdadeiro nome de Gue Oliveira?". Tem pessoas que até hoje não sabem e, mesmo acumulando mais de 15 milhões de seguidores em todas as redes quase dois anos após a viralização, o segredo continuava a despertar curiosidade diariamente.

— Ultimamente, tenho revelado muito meu nome — mandei um emoji sorrindo. — Promete guardar segredo? — perguntei a ela.

— Prometo que não contarei para ninguém — respondeu, seguida de emojis rindo.

Recebi a emissão de uma passagem aérea com ida e volta para o mesmo dia.

— Será no hotel Rosewood, em São Paulo — ela me enviou uma foto da localização no Google, que apontava um hotel cinco estrelas. Na hora, pensei: *Que irado! Nunca entrei em um hotel cinco estrelas.*

Ela me passou o contato de quem me encontraria no hotel. Então, me despedi da Dani, ainda muito insegura, mandei minha localização, caso eu fosse raptada, e entrei no carro.

Fomos trocando algumas mensagens sobre nosso recém-chegado à família. O Ravi precisava de um irmãozinho, então trouxemos um para ele: um samoieda igual a ele, só que na versão maior. Eu queria muito um cãozinho grande, e o Ravi não gostava muito de colo, mesmo sendo pequeno. Ele chegou tão amarelo e não tinha pelo branquinho como a neve como a moça havia mandado pela foto. Naquele dia, estávamos preocupadas com a sua respiração ofegante, estava quente e era o primeiro verão da vida dele. Ozzy chegou com três meses, era medroso e extremamente carinhoso, destruiu a casa inteira, mas olhar para ele é como olhar para uma escolha certa na vida. Ele se tornou o melhor amigo do Ravi, que, mesmo muito menor, ainda era o irmão mais velho e o dono da casa.

— Amor, não o leva para a rua, ele ainda não está 100% imunizado, falta a última dose. Ah, e acabei de chegar — disse, desembarcando do avião.

— Vida, promete que vai me contar tudo assim que falar com eles? — ela me dizia na mensagem, supercuriosa.

— Hotel chiqueeeee! — escrevi para a minha noiva assim que pisei nele.

— Me mostraaaaa tudooooo! — ela respondeu, ainda mais curiosa.

Fui para uma mesa com a pessoa que me recepcionou. Muito gentil e feliz, ela me levou até o cabeleireiro famoso e um diretor internacional de uma marca renomada.

O cabeleireiro falava espanhol, inglês, francês e italiano, e quase nada de português. O diretor falava inglês e italiano. E eu me perguntava: *O que estou fazendo aqui?*

— Você fala inglês, Gue? — perguntou minha intermediadora.

— Mal falo português — falei, rindo de nervoso.

Ficou claro que aquilo não era para mim depois que entendi que o projeto não seria gravado no Brasil. Estavam selecionando entre outros profissionais e, como não havia muita comunicação, pediram que eu escrevesse em um papel cinco motivos pelos quais eu deveria ser a escolhida.

Na hora, enviei uma mensagem para a Dani porque nada me vinha à cabeça. Na minha cabeça, não havia motivos pelos quais eles pudessem me escolher, e eu nem sabia o que estava fazendo ali. Então ela me respondeu:

— Vida, porque você é criativa, obstinada, fiel, visionária, porque você influencia por ser quem você é, porque você quer ajudar as pessoas a acreditarem em si mesmas, porque você acredita no propósito do seu trabalho, porque seus números indicam que as pessoas te amam, porque você tem batalhado dia após dia para que mulheres ocupem lugares importantes, porque você acredita no projeto deles, porque você tem fibra e vai levar tudo com muita seriedade e porque agora você tem dois filhos pets e precisa pagar 500 reais por mês de ração — brincou, antes de continuar —, porque você entendeu que o que vocês fazem muda a vida das pessoas. Existem muito mais do que cinco motivos para ser você a escolhida!

Não lembro exatamente o que escrevi, mas dobrei o papel e fui até a mesa onde eles estavam comendo. Bati algumas fotos daquele hotel impressionantemente lindo, entreguei o papel e voltei para o aeroporto, não muito confiante, depois que minha intermediadora me revelou o nome dos outros dois profissionais homens que já haviam feito a entrevista.

Realmente não tenho chance, pensei.

Passou novembro, dezembro, janeiro, fevereiro, e nada aconteceu. Eu sabia que o reality-show seria gravado em Madri em junho, então já era tarde demais. Chegamos a tirar o passaporte, caso algo acontecesse.

E SE A OPORTUNIDADE CHEGAR PARA VOCÊ? E SE VOCÊ ESTIVER PREPARADO?

No final de fevereiro, recebi uma notícia que mudou minha vida: eu havia sido escolhida. Chorei muito, agradecendo a Deus em oração, enquanto a água do chuveiro escorria pelo meu corpo, e naquela hora, como gosto de ouvir louvores, coloquei alto para tocar. Muitas vezes as músicas falam comigo e acalmam minhas emoções.

Nos últimos meses, a pressão nas redes sociais havia aumentado. A pergunta era sempre: "O que você vai fazer agora?". Eu já tinha atingido mais de 1 milhão de seguidores antes de dezembro e muitos chamavam isso de sucesso meteórico.

O programa me perguntou qual classe eu gostaria de escolher para viajar e eu, animada, perguntei:

— Posso escolher mesmo? — Então escolhi a primeira classe.

Certa noite, olhei para Dani e disse:

— Amor, o que você acha de usarmos todo o nosso cachê para conhecer outros países? Nunca sabemos quando teremos coragem de pegar um avião e atravessar o oceano de novo. Já que estaremos lá perto, podemos conhecer outros lugares de trem ou ônibus. O que você acha?

Ela deu uma hesitada e respondeu:

— Eu adoraria, mas esse dinheiro pode fazer falta. Mas você decide, a escolha é sua.

— Então vamos! — disse, decidida. — Quando teremos essa chance de novo?

Nos dias antes da viagem, tive crises de ansiedade. Havia saído de uma grande agência de influenciadores, onde fiquei menos de um mês porque ninguém parecia entender o que eu estava fazendo. Recusei várias propostas e fechei meu salão assim que viralizei o primeiro vídeo. Parecia só estar fazendo escolhas erradas.

— O que estou fazendo? — me perguntava, cheia de dúvidas. — Será que sou tão difícil de entender ou ninguém percebe o que estou tentando construir?

A sensação de incompreensão tomava conta de mim e a ansiedade era tão intensa que eu me sentia sem merecimento. Na noite anterior à viagem, chorei embaixo do chuveiro, ouvindo os louvores que diziam: "O tempo não limita o que eu vou fazer, eu lhe garanto e afirmo pra você". Essas palavras ressoavam em mim, trazendo um pouco de esperança. As malas estavam prontas, mas não consegui dormir. De manhã, fomos para o aeroporto e passamos pela imigração. Olhei ao redor e percebi que as pessoas não falavam português, era um lugar estranho, mas estávamos felizes.

Não acreditávamos que estávamos vivendo tudo aquilo, conhecendo parte do mundo com nossos olhos! Os vídeos segurando o passaporte estavam guardados na galeria do celular, prontos para postar quando chegássemos ao destino final. Finalmente, entramos em uma sala VIP enorme que a primeira classe nos proporcionava. A Dani comia e chorava ao mesmo tempo, agradecendo a Deus por tudo.

Como o voo tinha uma escala em Portugal, conseguíamos entender os comissários. As poltronas eram como camas reclináveis. Tiramos os tênis, pegamos cobertores e travesseiros, os fones de ouvido melhores do que os nossos e curtimos a viagem. Champanhe e refeições vinham à vontade. O voo durou catorze horas e eu não consegui dormir nem um segundo, com medo de uma turbulência que não aconteceu. Assisti a todos os filmes possíveis e, ao descer em Portugal, fizemos uma conexão de menos de duas horas até Madri. Aí, sim, dormi como uma pedra.

Quando chegamos, fomos recepcionadas por um motorista que nos levou até nosso hotel cinco estrelas, localizado em uma rua supermovimentada, cheia de restaurantes. A recepção mal nos entendia, e o inglês não estava rolando, nem o espanhol.

Ficaríamos por quinze dias em Madri para gravar o reality-show. O fuso horário era diferente do Brasil e já passava das 20h no verão europeu, mas ainda era dia. Anoiteceu por volta das 22h, e, assim que deixamos as malas, fomos procurar um lugar para comer. Pedir comida no primeiro dia foi mais difícil. Estávamos tão cansadas, mas ao mesmo tempo tão animadas por tudo aquilo que mal conseguimos dormir.

Entramos em nosso quarto e vimos que tinha uma banheira nos esperando. É claro que não a usamos de tão cansadas que estávamos. No dia seguinte, estávamos livres. O sol nasceu cedo, iluminando as ruas de Madri. O murmúrio das conversas matinais no café da manhã do hotel se misturava ao som dos talheres e xícaras. Ao sairmos do hotel, os bares e restaurantes com mesas do lado de fora estavam cobertos com toalhas xadrez e as pessoas se reuniam, rindo e compartilhando histórias, bebendo e fumando. Não víamos ninguém com celulares nas mãos ou nas mesas.

Uma senhora idosa, com um sorriso gentil, estava sentada em uma mesa, pedindo um café *con leche* e uma *tostada*, que é uma fatia de pão levemente tostada, crocante por fora e macia por dentro. Pegamos um carro de aplicativo até a Gran Vía, uma das avenidas mais icônicas de Madri, cheia de vida e movimento. Entramos em algumas lojas e exploramos um shopping que reunia marcas de grifes renomadas, onde o cheiro de perfumes e a sensação de estar cercada de moda fazia parecer que pertencíamos àquele lugar.

Quando chegamos à Puerta del Sol, sentimos a energia. Um grupo de três artistas de rua se apresentava, tocando violoncelo, violino e piano, formando uma pequena orquestra. O som deles se misturava ao burburinho das pessoas que passavam. Andamos bastante e paramos em um restaurante para conhecer as famosas "tapas", uma tradição local que consiste em pequenas porções de comida, perfeitas para compartilhar. A arquitetura era impressionante, com prédios históricos que contavam histórias de tempos passados.

No primeiro dia, comecei a tentar falar espanhol. Cresci em Florianópolis, onde recebemos muitos argentinos e chilenos na alta temporada, então conseguia entender algumas coisas. Com um pouco de coragem, comecei a arriscar.

Mais tarde, tivemos um jantar em uma sala reservada de um restaurante elegante, onde tínhamos garçons exclusivos para o nosso atendimento. O cabeleireiro, idealizador do programa, havia estudado português e estava se virando muito bem, arriscando algumas palavras em português enquanto eu tentava me comunicar em espanhol, uma combinação quase perfeita.

Tudo era simplesmente extraordinário. Cada prato que chegava à mesa era uma nova descoberta e eu não pensava duas vezes em perguntar o que era. Nunca senti vergonha das minhas origens e de fazer perguntas que poderiam parecer bobas.

No dia seguinte, um motorista esperava na porta do hotel para me levar ao local onde seriam gravados os episódios do programa. O caminho até os estúdios era muito bonito. Quando cheguei, recebi um roteiro para ler enquanto maquiava e fazia o cabelo, sendo que o texto seria conduzido por um ponto no meu ouvido. O primeiro dia foi desconfortável, não estava sendo eu mesma, apenas seguindo na íntegra o roteiro do programa. Não consegui me soltar e deixar fluir.

Voltei para o hotel pedindo meu roteiro adiantado, ansiosa para ensaiar. Saíamos às 6h para o estúdio e às vezes voltávamos apenas às 22h. Dormia pouquíssimo e, quando cheguei no dia seguinte para as gravações, pedi para que me deixassem mais livre.

Como o cabeleireiro ainda não falava muito bem o português, acabei ganhando um protagonismo no programa. Minhas poucas falas começaram a ganhar destaque e liberdade, e eu conduzia muito mais do que o programado. Eu não estava mais ali só como enfeite, aos poucos, me tornava parte do programa. A vantagem de ele não falar a língua do reality-show, que seria exibido no Brasil, me proporcionou uma oportunidade única e um protagonismo inesperado.

Não podíamos ter envolvimento nenhum com os participantes e a cada episódio recebíamos uma celebridade como júri do programa. Conheci algumas pessoas que só havia visto pela televisão, e isso foi muito legal. Na verdade, ainda não tinha me apropriado do merecimento de estar ali.

No intervalo do final de semana, decidimos conhecer uma cidade turística com um toque medieval, um pouco afastada, chamada Toledo, que tinha um cenário parecido com uma das minhas séries favoritas, *Game of Thrones*. As filmagens da série ocorreram em várias cidades e regiões da Espanha, incluindo Sevilha (com a famosa Alcázar servindo como o Palácio de Dorne), Girona e a região de Bardenas Reales, entre outras.

Voltei para as gravações mais confiante e feliz. Lembro de pedir às maquiadoras e cabeleireiras da produção que nunca fizessem meu coque porque eu queria me desvincular do rótulo de "a cabeleireira do coque". No início, usei o coque por achar minha testa grande demais, o que me incomodava visualmente. Assim, surgiu minha "identidade" nas redes sociais. Porém, no reality, queria me permitir a oportunidade de viver várias versões de mim mesma. A cada capítulo e temática, eu me caracterizava de acordo com o que podia.

— O que você vai vestir hoje? — perguntou o mestre, como ele gostava de ser chamado.

— Hoje vou de chapéu, short longo e blazer — respondi.

E então ele se vestia de forma harmônica comigo. Quando o reality terminou, senti um misto de felicidade e a dúvida: "Será que fui boa o suficiente?". Quanto à vencedora, fiquei feliz com o resultado, ela foi minha primeira aposta desde o início. Com o desenrolar dos episódios, a performance dela foi impecável.

Nossa estadia em Madri chegou ao fim e embarcamos em um voo para uma das cidades que, ao longo do tempo, comecei a querer conhecer de tanto ouvir minhas clientes falarem. Estávamos em um bar no bairro onde havíamos alugado um Airbnb quando dois barbeiros me reconheceram de dentro dos icônicos ônibus vermelhos de dois andares de Londres. Eles desceram para falar comigo e, mais tarde, naquele mesmo bar, recebi outro fã que reconheceu a rua em que eu estava e veio até mim.

Eu me sentia incrível pois em todos os lugares a que íamos, alguém parava para dizer que amava meu trabalho. Desta vez não estava mais em modo cinco estrelas, conheci as ruas de Londres, incluindo a movimentada Chinatown, repleta de restaurantes e cores vibrantes por toda parte.

Saímos de ruas com lojas de grifes, onde filas enormes se formavam para entrar, e chegamos a Camden Town, um bairro mais alternativo, onde comprei vários chaveirinhos para trazer ao Brasil. Também encontrei um restaurante brasileiro, onde pudemos comer feijão depois de quase dezesseis dias sem a nossa típica comida. Visitei a famosa plataforma 9¾ para comprar uma varinha do Harry Potter para minha irmã. Dani saiu de lá frustrada, pois se lembrou apenas quando já estávamos a caminho do nosso próximo destino, Amsterdã, que a casa de Sigmund Freud ficava em Londres. Como psicanalista, ela estuda Freud com frequência e, ultimamente, suas obras também despertaram o meu interesse.

Fomos para Amsterdã de trem e comecei a ficar muito ansiosa ao saber que ele passaria por baixo do oceano. Não sei como, mas consegui dormir, para meu alívio. Quando chegamos a Amsterdã, o que mais havia eram rapazes se aproximando para oferecer maconha. E não, eu não vivi a experiência com a maconha, o bolinho e tudo mais. Como você já sabe, não reajo bem a ela. Tentei comprar ingressos para visitar a Casa de Anne Frank no primeiro dia, mas estavam esgotados há três meses. Desde Madri, Dani não podia ver uma fila imensa sem se animar para descobrir o que as pessoas estavam comprando. Na Europa, se tem fila, é sinal de que é bom.

Fizemos um passeio de barco pelos canais construídos no século XVII durante a Idade de Ouro holandesa. A cidade tem mais de 100 quilômetros de canais e mais de 1,5 mil pontes, sendo considerada Patrimônio Mundial da UNESCO. Então, aproveitamos para conhecer mais da cultura, porém o Museu Van Gogh, o Rijksmuseum e a Casa de Anne Frank infelizmente não visitamos, pois o orçamento era apertado. Nos contentamos em explorar as ruas a pé e experimentamos as quatro iguarias mais populares da cidade: cookies, waffles, panquecas e batatas fritas. Também não pedalamos, Dani tentou descobrir como alugar, mas até para pedir sorvete era uma confusão. As bicicletas são uma verdadeira loucura por lá, então não se surpreenda se for atropelado por uma.

Passamos três dias em Amsterdã e, em seguida, partimos para Paris de ônibus, a pior viagem que fizemos. Com o orçamento apertado e a vontade de conhecer vários lugares, entramos em um ônibus lotado, durante o sufocante verão europeu.

Pegamos um apartamento tão distante dos pontos turísticos que comecei a ficar chateada com tudo aquilo. A verdade é que, naquele momento, estávamos mais cansadas do que aproveitando a viagem.

Rodamos Paris inteira a pé, mergulhando na mágica da cidade, inclusive observando aqueles golpistas próximo à torre Eiffel com jogos de três xícaras, truques de cartas ou apostas de dinheiros. Enquanto eram ludibriados, outros se aproximavam de quem estava observando na roda e eram furtados sem perceber. Era impressionante.

Visitamos outros pontos turísticos icônicos além da Torre Eiffel, o Louvre e a Catedral de Notre-Dame e, para minha surpresa, fui reconhecida por muitos brasileiros.

Cada vez que alguém se aproximava para dizer que admirava meu trabalho, meu coração se enchia de alegria. Um dia, espero voltar a Paris e viver a experiência de verdade, sem a pressa de aproveitar tudo em tão pouco tempo e com dinheiro suficiente para não apenas conhecer o externo, mas também o interno de cada um desses lugares. Mesmo com todos os perrengues, amamos cada momento que passamos lá.

O último destino da nossa jornada foi Roma, minha cidade favorita até agora. Desde que pisei na cidade eterna, fiquei disposta a gastar tudo o que tinha economizado e até o que não tinha mais. Quando entrei no Coliseu, a emoção estava estampada no meu rosto e um arrepio percorreu minha pele ao saber que aquelas paredes testemunharam um passado que remonta aos anos 70 a.C. Foi indescritível imaginar todas as histórias que aquelas pedras poderiam contar!

— Parece que já estive aqui, amor — dizia olhando para a Dani.

Visitamos o Vaticano e nos maravilhamos com a grandiosidade da Basílica de São Pedro. Fomos na Fontana di Trevi, jogamos moedas na água, fazendo um pedido silencioso, esperando voltar àquela cidade mágica.

Na nossa última noite em Roma, jantamos em um ótimo restaurante, onde saboreamos pratos típicos da culinária italiana e brindamos com vinho, rindo e curtindo aquele último momento. Depois, entrei em uma loja de grife e, empolgada, gastei o limite do cartão em dois ternos, incentivada pela Dani.

Criamos memórias fantásticas. Nunca imaginei ter a oportunidade de vivenciar todos aqueles momentos, sendo reconhecida pelo meu trabalho e cercada por pessoas que admiravam meu esforço. Desde então, oportunidades semelhantes surgiram e para cada uma delas eu precisei estar pronta, assim como estou para este livro que escrevo agora.

O que estou compartilhando pode parecer irrelevante para alguns, mas sei que para muitos pode ser uma fonte de inspiração e reflexão.

Assim como eu já fiz várias viagens através dos olhos e vivências de outras pessoas, agora você também pode embarcar na sua própria jornada por meio das minhas experiências. Essa troca é o que torna tudo interessante, não é mesmo?

Acredito que não existe uma experiência que não valha a pena ser compartilhada, e cada relato tem o potencial de ressoar de maneiras diferentes nas vidas das pessoas. Uma simples história pode tocar alguém, trazer à tona memórias esquecidas ou até mesmo inspirar uma nova aventura. Desde que estejamos dispostos a ouvir e a contar.

==Cada instante que vivemos e cada emoção que sentimos são únicas e preciosas. A beleza dos encontros, das descobertas e até mesmo dos desafios que enfrentamos ao longo do caminho nos molda e nos ensina. Portanto, vale a pena narrar essas experiências, seja em um diário, em uma conversa com amigos ou através de plataformas digitais onde outras pessoas possam se conectar com elas.==

Quando compartilhamos nossas histórias, não estamos apenas contando o que vivemos, estamos criando uma ponte entre nossas experiências e as dos outros. Cada relato é uma forma de conexão, uma oportunidade de ver o mundo sob diferentes perspectivas. Assim, ao dividir o que vivemos, contribuímos para um entendimento mais profundo das jornadas humanas.

Portanto, abrace suas experiências e não hesite em compartilhá-las. Você nunca sabe quem pode se sentir inspirado por sua história ou como suas palavras podem tocar a vida de alguém que, assim como você, busca significado nas pequenas e grandes aventuras da vida.

Mas antes de seguir a jornada...

Apenas pergunte a si mesmo: o que é inegociável para você?

Quando você tiver a resposta para essa pergunta, o "sim" se tornará claro. Para mim, é não abrir mão dos exercícios físicos, garantir férias uma vez por ano e priorizar o meu bem-estar. Além de buscar a verdade em mim mesma, nas pessoas e em todas as situações.

E você, o que considera essencial em sua vida? É inegociável ter mais tempo com a família? Cuidar da sua saúde mental? Manter o corpo saudável? Ter uma alimentação equilibrada? Ou talvez seja a qualidade do seu sono? Para mim, é fundamental também estar em um relacionamento que me aceite como sou, sem julgamentos ou condições.

Quando tiver clareza sobre suas prioridades, estará mais preparado para reconhecer oportunidades que se alinhem com seus valores. Quando essas oportunidades surgirem, você verá com nitidez o "sim" que precisa dar a elas. Lembre-se de que, quando temos clareza sobre o que realmente importa, o "talvez" se transforma em um "não" claro e o "não" se torna uma decisão óbvia.

Entender o que é inegociável é um exercício de autoconhecimento que pode transformar sua maneira de viver. Isso ajuda a eliminar distrações e a se concentrar no que traz verdadeira satisfação e realização.

Além disso, você se permite dizer "não" a compromissos que não servem ao seu bem-estar. Isso não significa ser egoísta, mas sim ter respeito por si mesmo e por suas necessidades. Quando você valoriza o que é importante, cria espaço para o que realmente faz a diferença.

CAPÍTULO 10

ESTE NÃO É O CAPÍTULO MAIS IMPORTANTE, RECOMECE

Durante toda a minha vida, nunca gostei de terminar livros. O último capítulo, o ponto-final... e agora? Essa sensação de conclusão sempre me deixou inquieta, com a sensação de perda. Como se um fechamento abrupto me tirasse a possibilidade de explorar mais a fundo aqueles mundos e personagens. As séries que mais gostava frequentemente ficavam inacabadas, eu preferia a ideia de que as histórias continuavam em algum lugar, fora das páginas e da tela. Era como se, ao não chegar ao fim, eu pudesse preservar a emoção, permitindo que essas histórias se desdobrassem infinitamente, onde cada personagem poderia seguir suas jornadas, cheias de novas possibilidades e recomeços.

Antes de mais nada, deixe-me apresentar: meu nome é Greicy Kelly Corrêa de Oliveira, mas pode me chamar de Gue Oliveira, o codinome pelo qual sou conhecida e que realmente reconheço. Nunca gostei do meu nome de batismo, talvez pela delicadeza que ele sugere, inspirado em uma princesa que se chamava Grace. O que eu posso ter esquecido é que, antes de se tornar uma figura da realeza, Grace Kelly foi uma atriz talentosa e carismática. Nascida na Filadélfia, ela conquistou Hollywood e, em 1956, tornou-se a icônica Princesa de Mônaco. Sua vida, marcada por glamour e tragédia, foi interrompida precocemente em um acidente de carro aos 52 anos.

Assim como Grace, que viveu entre os sonhos e a realidade, eu também quero abraçar a incerteza e a beleza dos recomeços. Então, nada mais justo do que começar este capítulo sem segredos. Afinal, você chegou até aqui, o que é muito mais longe do que costumo ir nos livros que me conquistam.

Como eu não quero dar um fim a isto, que tal recomeçar? Vamos explorar juntos os detalhes das nossas histórias, as ligações que podemos fazer entre as vidas que vivemos e os sonhos que ainda temos. Afinal, a beleza da vida está em seus capítulos abertos, prontos para serem escritos! Que cada palavra que trocamos aqui seja um convite para um novo começo, onde a história nunca se encerra, mas se transforma e se reinventa a cada dia.

Seguir o processo é entender que o mais importante não está na página final da sua vida. A verdade é que, muitas vezes, você nem quer chegar lá. O que realmente conta são os momentos, as experiências e as lições que encontramos ao longo do caminho.

Parte de toda essa escrita surge da necessidade de compreender que o mais valioso está no trajeto e não apenas nos destinos que desejamos. Você tem curtido tudo o que está acontecendo? Essa pergunta ficou em minha mente quando percebi que estava acumulando números em minhas redes sociais, em vez de pessoas, conexões genuínas. Fiquei tão empenhada em alcançar a marca de 1 milhão de seguidores depois que tudo começou a acontecer, que, quando finalmente cheguei lá, foi como se a conquista não tivesse significado algum. O mesmo aconteceu quando alcancei 1,5 milhão, a sensação de felicidade simplesmente não veio, o que me deixou intrigada. Sentia que estava presa em uma corrida insana, onde o que realmente importava ficava esquecido.

Foi nesse contexto que, em um evento de tecnologia, inovação e startups no qual fui palestrar, decidi subir ao palco e compartilhar essa reflexão com os congressistas presentes. O ambiente estava lotado de pessoas apaixonadas por tecnologia, obviamente, e eu estava nervosa, sobretudo porque não era um evento voltado para a beleza, como costumava ser. Aquele suor nas mãos estava sendo mais que necessário para fazer o sangue esquentar de novo.

Olhei para a plateia e percebi que não estava aproveitando as conquistas que havia alcançado mais uma vez. Estava tão focada na próxima meta que perdi de vista a essência do que eu realmente fazia.

Durante a sessão de fotos, um participante se aproximou e me fez uma pergunta que me obrigou a refletir: "E hoje, você está curtindo a jornada ou está aqui acumulando conquistas no currículo?". Eu ri na hora, admirada pela profundidade da pergunta. Agradeci o excelente questionamento e afirmei que estava aproveitando o processo, embora me sentisse nervosa por estar em um ambiente que não era o meu habitual. Expliquei que só consegui trazer essa questão ao palco porque, felizmente, percebi a tempo a importância de valorizar cada passo da minha trajetória.

Ele me olhou com um sorriso genuíno e respondeu: "Excelente palestra, vou sair daqui diferente". Essas palavras tocaram meu coração e me lembraram de que, mesmo em um ambiente que a princípio parecia intimidante, eu tinha a capacidade de inspirar outros a refletirem sobre suas próprias jornadas. Agradeci novamente e tiramos uma foto – um registro de um momento que simbolizou a autenticidade e a conexão.

Essa experiência me fez perceber que as verdadeiras vitórias não estão apenas nas metas que alcançamos, mas nas histórias que vivemos e nas relações que formamos ao longo do caminho. Afinal, a jornada é onde encontramos significado, aprendizado e, acima de tudo, a verdadeira felicidade.

Até o final deste capítulo, eu, sua autora e agora sua amiga, vou te mostrar que começar, recomeçar, reconectar, curtir e observar com carinho seus passos é muito mais importante do que a folha final. Essa última folha é como um ponto que marca um fim — e o fim pode carregar significados que muitas vezes não desejamos enfrentar no momento. Ele pode representar a conclusão de um ciclo, mas também pode simbolizar a perda, a despedida e o que deixamos para trás.

Mesmo ao encerrar algo que não traz mais felicidade, como um relacionamento tóxico ou um trabalho que não valoriza suas habilidades, é possível encontrar espaço para um recomeço. O fim, por outro lado, é absoluto. Ele é um fechamento que não podemos modificar, uma barreira que se ergue entre o que foi e o que poderá ser. Por isso, é natural que o fim possa soar indesejado, como um luto que precisamos aprender a aceitar.

No início, eu te perguntei: "Quem você era quando começou a ler este livro? Qual foi a sua jornada até aqui? Quais eram seus desejos, suas aspirações? O que te impedia de avançar, e qual compromisso você assumiria consigo mesmo?". Essas perguntas são fundamentais para que possamos refletir sobre a nossa trajetória.

Acredito que você já percebeu que parte do recomeço é olhar para o passado e resgatar a sua criança interior. Revisitar sua história é essencial para compreender o que você está fazendo hoje e por que faz isso. À medida que percorremos essa jornada, encontramos incertezas e tomamos decisões que moldam nosso caminho. Muitas vezes, somos silenciados ao atingir a vida adulta, sem perceber as vozes e os sonhos que deixamos para trás.

É preciso ter coragem de olhar para dentro e rever os momentos em que dissemos "sim" para agradar aos outros, enquanto ignoramos nossas próprias necessidades e desejos. É um processo de redescoberta, em que cada passo dado em direção ao autoconhecimento e à autoaceitação nos permite reconectar com o que realmente somos.

O que te impede de seguir em frente? Quais medos ou inseguranças ainda estão te segurando? Ao se permitir revisitar sua história, você começa a entender que cada capítulo, cada experiência, mesmo as dolorosas, contribuíram para a sua formação. A jornada não é linear e está repleta de altos e baixos, mas é nesse percurso que encontramos nossas forças e aprendemos a valorizar cada pequeno passo.

Ao longo deste livro, convidei você a explorar esses aspectos com carinho e compaixão, a se permitir ser gentil consigo mesmo e a perceber que, a cada recomeço, uma nova oportunidade de crescimento se apresenta. O importante é que você esteja disposto a abraçar essa jornada, a se reconectar com sua essência e a construir o futuro que verdadeiramente deseja.

A vida frequentemente acontece quando estamos ocupados demais fazendo planos. Então, quando paramos de aceitar migalhas, começamos a perceber que "qualquer coisa é melhor que nada" é uma filosofia que não serve mais. Ao sairmos da nossa zona de conforto, descobrimos que o desconforto pode ser um poderoso catalisador para as mudanças que tanto desejamos.

E, claro, entrar em nossa própria vida pode ser um processo sombrio e desafiador, e você sabe que eu te entendo perfeitamente. Compartilhei aqui meus medos, as violências e os abusos que enfrentei. Às vezes, tudo o que precisamos fazer é falar – abrir nosso coração e permitir que nossas vozes sejam ouvidas. É nesse ato de vulnerabilidade que encontramos conexão e compreensão.

A cada página que escrevia, eu sentia que estava me perdoando ou perdoando alguém que, de alguma forma, me feriu. O ato de escrever não é apenas uma forma de contar uma história, é um processo de cura, uma jornada interna de amor-próprio e aceitação. E talvez o que você ainda não tenha começado até aqui seja esse processo de se perdoar. Ao escrever sua própria história, você resgata a si mesmo todos os dias, trazendo partes de você que estavam adormecidas ou esquecidas.

É como abrir os olhos pela manhã. Mesmo que toda a rotina esteja predeterminada, tudo pode mudar a qualquer momento. A transformação é possível, e tudo o que você precisa é querer isso de verdade. A magia acontece quando você decide que não vai mais aceitar menos do que merece, quando se permite sonhar e, acima de tudo, agir em direção a esses sonhos.

Então, continue escrevendo, refletindo e, principalmente, se perdoando. A vida é um constante recomeço, e a cada novo dia você tem a chance de reescrever sua história e moldar seu futuro da maneira que deseja. Lembre-se: você é o autor da sua vida, e cada palavra que você coloca no papel é um passo em direção à liberdade, à cura e ao amor-próprio.

REPITA ATÉ ACREDITAR

O que significa "ir além" para você? Qual é a sua capa? O que esconde tanto de si mesmo? Pare de ler por um instante e vá até o espelho. Olhe nos seus próprios olhos e reconecte-se com a sua essência. Agora! Diga em voz alta tudo o que está preso na sua garganta. Se você se sente fraco, diga! Se se acha feio, diga! Se se considera incapaz, diga! Só não se esconda mais atrás dessa capa, combinado?

O problema não é você falar, nem o que as pessoas dizem. O problema é você acreditar no que está dizendo. Chegou a hora de puxar a sua capa e revelar ao mundo. Você vai levantar todos os dias e se admirar em silêncio por um minuto. Encontre suas qualidades, porque você é bom em muitas coisas, acredite!

Quando alguém disser que você faz "só isso", responda com firmeza: "Eu faço tudo isso". Retire o "só", elimine tudo o que te diminui. Aproprie-se da sua história, empodere-se. O que é beleza? A beleza é relativa, o que é belo para um pode não ser para outro. Como disse uma cliente minha: "Você é feita de retalhos de si mesma". Cada pedaço de você tem valor, cada experiência te moldou de maneira única. Fale quantas vezes forem necessárias até que você acredite verdadeiramente nas suas palavras. Finja ser quem você quer ser até que se torne essa pessoa. Acredite! O universo está te ouvindo, e, sim, cocriar dá certo, é um processo poderoso. Tenha empatia por você mesmo e pelos outros.

==Lembre-se de que a transformação começa dentro de você. Ao se olhar no espelho, veja não apenas o reflexo, mas a força, a beleza e a complexidade que habitam em você. Cada palavra que você pronuncia, cada afirmação que você repete é um passo em direção à autoconfiança e à aceitação. Você é mais do que as opiniões alheias, você é uma força da natureza, uma combinação de sonhos, desafios superados e conquistas.==

Permita-se brilhar e ser quem você realmente é. A jornada pode ser longa, mas cada passo conta. E, ao longo do caminho, lembre-se de que você não está sozinho. Estamos todos juntos nessa busca pela autenticidade, pela autoaceitação e pelo amor-próprio. Acredite em si mesmo, que o mundo começará a acreditar em você também.

CEGA PARA SI MESMA

Em uma única conversa com a minha cliente, eu pude ver de perto: traumas, autossabotagem e relacionamentos tóxicos. Então perguntei:

— Quando foi a última vez que você se olhou no espelho?

— Existe uma grande diferença entre o sentir e o saber. Muita coisa a gente sabe, mas não consegue conectar com o sentimento — disse, olhando para mim através do espelho. — Eu sei que os motivos da minha depressão, teoricamente, já estão entendidos. Eu já entendi que sou uma adulta e que, hoje em dia, aquela criancinha que estava lá desprotegida, precisando de carinho e cuidado, ainda está aqui.

Olhei para ela, sabendo que tinha muito a dizer...

— Hoje em dia, posso me cuidar porque sou adulta, mas e os meus sentimentos? E aquela dor, aquela carência, aquela necessidade? — falou, embargando a voz. — Quem vai pegar aquela criança no colo? Essa distância do sentir ainda persiste. — Começou a chorar, sem conter as lágrimas. — A criança não sabe que pode pedir ajuda. Eu sei que posso pedir ajuda, mas não sinto que consigo me ajudar.

Parecia que eu sentia uma dor saindo do corpo dela e invadindo aquela sala de vidro.

— Então, essa desconexão, esse vazio, continua. Em que momento o sentimento se conecta à razão? E quando você começou a não se sentir bem com seu corpo? — perguntei.

— Fui trabalhar no banco, e na agência onde eu trabalhava ocorreram três assaltos em duas semanas. Eu não sabia que estava com estresse pós-traumático e comecei a ter horror de trabalhar. Foi nesse momento que fui para casa e minha mãe falou: "Fica em casa comigo".

"Eu, sem entender, fiz exatamente o que ela queria, que era ficar em casa. E a diversão se resumia a 'o que a gente vai comer?'. Então comecei a ganhar peso e parei de me olhar no espelho. Literalmente!"

— Você ficou sem espelho durante trinta e poucos anos? — perguntei, tentando entender melhor.

Seu namorado interveio e falou:

— Ficou. Eu que coloquei o espelho no quarto dela.

E então ela continuou:

— O espelho do banheiro, eu escovava os dentes sem olhar para ele. Escovava, levantava — me mostrava em gestos como se jogasse a água na boca — e acabou. Se eu fosse conferir se tinha pasta de dente na minha boca, olhava para a boca e saía, sem olhar para o meu rosto. Na hora de pintar o cabelo, olhava o cabelo, a raiz, nunca o meu rosto — me explicava, mostrando seus cabelos extremamente vermelhos, como uma cereja.

— Você está me olhando, mas não se olha. Desde que começamos, estou de frente para o espelho aqui na bancada e você não se olha. De fato você fez isso agora. Você olhou seu cabelo e não se olhou — falei enquanto ela caía em lágrimas, entrelaçando os dedos das mãos e levando-os à boca.

— Eu estou agora nessa batalha. Já comecei a fazer algumas coisas, a me libertar. Eu até viajei, coisa que nunca tinha feito.

Ela me contou que o namorado a colocou dentro do carro, e eles saíram da Bahia até o Rio de Janeiro, sem que a mãe soubesse, porque ela certamente diria coisas que a impediriam de ir.

— Você disse: "Eu não podia ser rebelde, eu tinha que ser obediente". Essa frase me deixou chocada, porque antes disso você me contou que, ainda pequena, tomava calmantes toda vez que sua mãe ameaçava ir embora, com medo de perder as pessoas. A sua rebeldia seria não entrar naquele carro, e a sua obediência era entrar nele e percorrer aqueles quarteirões até amanhecer, e então voltar para casa, naquele círculo vicioso que, de certa forma, você criou e que até hoje a faz entrar naquele carro. E você continua sendo a obediente.

Ela balançou a cabeça, afirmando que sim. Já havia me explicado as ameaças que a mãe fazia sempre que brigava com o pai e o medo que tinha de ficar sem ela.

— Sempre foi assim. Se fosse para chorar ou sofrer alguma coisa, eu me escondia, e o tempo todo eu estava ali. "Pode contar comigo, eu aguento." E foi assim quando recebi a notícia da morte da minha irmã. Eu chorei lá no hospital e só pensei: "Me leva para casa, eu tenho que falar com a minha mãe". É uma prisão em que eu me coloquei. Tenho consciência de que todas aquelas circunstâncias que vivi me fizeram entrar em uma prisão. Eu também entendi na terapia que, naquele momento, foi um recurso que encontrei para me proteger. — O choro incessante continuava, e eu deixava que ela desabafasse. — Meu Deus, me dá força. Eu quero aproveitar minha vida, eu quero andar, eu quero caminhar, eu quero fazer as coisas.

— Hoje você sente muita dificuldade para caminhar, né?

— Sim — ela respondeu, com tristeza, em relação à obesidade que a incomodava há muitos anos. Porém, a depressão não a deixava tomar muitas providências.

— Eu saí assim de casa, quero que ela veja como me trato — disse, olhando para mim. — Eu pensei em suicídio tantas vezes, planejei minha morte tantas vezes, e hoje em dia não existe nenhuma possibilidade de eu fazer isso comigo. Se alguém estiver pensando nisso, aguenta firme.

Aguenta porque vai passar — ela afirmava, olhando para mim pelo espelho, sem ainda se ver.

— Nós vamos passar por uma transformação aqui hoje, e espero que nosso dia seja incrível — disse, arrancando um sorriso dela enquanto ia pegar a capa.

Quando puxei novamente os cabelos, não eram mais vermelhos, estavam loiros e radiantes como o sol. Eu a abracei enquanto ela chorava ao se olhar no espelho, depois de mais de trinta anos.

— Eu não me sentia assim não consigo nem lembrar desde quando — disse, em lágrimas. — Não tenho como agradecer porque é muito mais do que uma transformação no meu cabelo, é o início de uma transformação de vida. O cabelo é apenas um símbolo do que estou começando a fazer por mim, de dentro para fora. Então, olhar para mim no espelho e ver esse cabelo é lembrar que estou conseguindo fazer isso por mim aqui e agora.

PROFUNDA EXPERIÊNCIA DE LUTA E RESILIÊNCIA

Mesmo quando enfrentamos dificuldades emocionais e mentais, como a depressão, é possível encontrar um caminho para a autoaceitação e a transformação pessoal, ainda que não seja fácil. A minha cliente, ao se olhar no espelho e reconhecer as mudanças que estava fazendo, simboliza um momento crucial de redescoberta e empoderamento.

Esse processo de transformação não se limita apenas à aparência física, abrange uma mudança interna significativa. O cabelo, que se tornou um símbolo de renovação, representa a capacidade de se libertar das amarras do passado e de se permitir ser feliz e autêntica. A mensagem verdadeira começa com a disposição de enfrentar nossos medos e inseguranças, reconhecendo que somos dignos de cuidar de nós mesmos.

Além disso, o apoio emocional é crucial. Se sentir encorajado a falar sobre suas lutas e a expressar suas emoções mostra que compartilhar nossas experiências pode ser um passo vital para a cura. Isso ressalta a importância da empatia e da conexão humana em momentos de vulnerabilidade, lembrando que não estamos sozinhos em nossas batalhas.

Portanto, como mensagem final, te convido a olhar para dentro, a valorizar o caminho de transformação e a lembrar que, mesmo nas situações mais sombrias, a luz da autoaceitação e do amor-próprio pode nos guiar para um futuro mais brilhante e significativo. Vai por mim!

JÁ MARCOU UM ENCONTRO COM VOCÊ MESMO?

Um dia, perguntei a um casal que havia vindo fazer os cabelos. Eles estavam casados há pelo menos vinte e sete anos.

— Qual é o segredo para manter um relacionamento de vinte e sete anos e ainda ter paixão? — perguntei.

— Vou te contar, Gue — disse ele, sorrindo. — Uma vez por mês, marcamos um encontro.

— Legal — respondi, sem muita surpresa.

Ele fez uma pausa, com um sorriso que indicava que havia mais.

— Marcamos um encontro, como disse, mas revezamos: um mês a casa é dela; no outro, é minha. — Isso prendeu minha atenção completamente.

— Um mês eu escolho um restaurante e me arrumo fora de casa. Duas horas antes, informo a ela qual será o local, enquanto ela se arruma em casa, aguardando o horário de nos encontrarmos. Nunca sabemos o que o outro estará vestindo. Sempre parece um primeiro encontro. Depois, vamos para um hotel ou motel. Só não voltamos para casa.

Achei aquilo genial. Eles nunca deixaram que a rotina ou as brigas do tipo "anda logo, você está atrasado novamente" interferissem no relacionamento.

Como não se viam antes dos encontros, mantinham a curiosidade e o frio na barriga sobre como seria o reencontro, admirando sempre a pessoa que escolheram para se relacionar.

Um relacionamento saudável e duradouro requer esforço, inovação e um compromisso mútuo para manter a paixão viva, mostrando que o amor pode evoluir e se transformar ao longo do tempo, desde que haja dedicação e vontade de surpreender e de se surpreender.

Agora, repito a pergunta: já marcou um encontro com você mesmo? Sério! Pode ser que você nunca tenha pensado nisso. Estamos sempre fazendo planos para encontrar outras pessoas, nos arrumando para festas, trabalho e eventos. Fazemos o cabelo e a maquiagem, no caso das mulheres, para impressionar os outros, mas e quanto a nós mesmos?

Quando foi a última vez que você se preparou apenas para você? Muitas vezes, mesmo quando estamos deslumbrantes, olhamos no espelho e só vemos defeitos, não é assim?

Quando foi a última vez que você se deu um presente? Que usou seu melhor perfume, foi ao shopping ou abriu uma garrafa de vinho só para celebrar sua própria vida, sem ninguém ao lado? Você com você! Se a resposta é "nunca", esse pode ser seu recomeço.

É hora de se colocar em primeiro lugar. Você merece esse encontro, merece se valorizar e se amar. Marque essa data na sua agenda: um encontro consigo mesmo. Porque, quando você se cuida e se aprecia, o mundo ao seu redor também se ilumina. Não espere mais. Faça isso por você!

A indústria disse: postem a perfeição!

Mas essas mulheres, esses homens e essas crianças que se sentam na minha cadeira todos os dias não estão em busca de se encaixar nos padrões, o que eles querem, e nem sabem que podem, é se encontrar consigo mesmos.

Muita gente vem até mim dizendo que eu salvei a vida delas. Isso só não é mais gratificante do que saber que foram elas que salvaram a minha! Obrigada, de coração! Vou continuar trabalhando para corresponder a tanta expectativa, confiança e carinho, sem nunca deixar faltarem ouvidos atentos e abraços apertados. Estamos juntos nesta jornada! A vida é mais bonita porque você existe!

O COMEÇO

Subi no segundo andar da casa em construção da minha irmã, segurando uma vassoura velha entre aquelas paredes inacabadas, me imaginando em um palco. O cheiro de cimento fresco e madeira se misturava com o aroma da terra molhada, que ainda conservava a umidade de uma recente chuva de verão. Os tijolos expostos e irregulares de uma obra que se tornara nosso refúgio de brincadeiras, onde cada quarto e parede viravam um cenário de algumas aventuras.

Olhei para frente, segurando a vassoura como se fosse um microfone, e ampliei minha visão de artista.

— Respeitável público, estou muito feliz em estar aqui com vocês hoje! — dizia, com a voz alta e clara, olhando para as árvores do terreno em frente. O vento brincava com os galhos, como se também quisesse participar da minha apresentação. Um monte alto de areia, que aguardava para ser usado na construção, se transformava no meu público barulhento, mas atento. — Hoje vou cantar uma música especial para vocês!

Com os pés descalços, sentindo a textura áspera do chão de cimento e a poeira que se grudava na minha pele, com o rosto todo sujo de poeira e o cabelo emaranhado, eu gritava com toda a energia:

— Vocês estão gostando?

Com 6 anos, a imaginação fluía como um rio, uma facilidade que parece ter se perdido com o tempo. Eu ainda sinto o cheiro daquela tarde, o perfume da terra molhada após a chuva, o frescor do ar que trazia uma leve brisa, os pés sujos e resistentes por raramente verem um chinelo. Era como se, naquele momento, eu pudesse ver o aplauso das pessoas, sentindo a vibração da aprovação no ar.

— Desce daí e vem tomar banho! — disse a mãe, já irritada por ter me chamado algumas vezes, sua voz me lembrando que diversão tinha limites.

Pulei do segundo andar no monte de areia à minha frente assim que ela virou as costas. Eu sabia que, se me visse, brigaria comigo, alertando sobre o risco de me machucar. Corri para dentro de casa, o coração acelerado de adrenalina e alegria. Ela veio conferir o banho, como sempre fazia, com aquele olhar de mãe que sabe quando a criança precisa de cuidado.

Coloquei o pijama, que estava quentinho e macio, e jantei aquela comida quentinha de mãe, que é simplesmente indescritível, o sabor do amor em cada garfada.

— Mãe, quando eu crescer, posso ser cantora? — disse, deitando na cama.

— Acho que pode, Gue — respondeu sem entender completamente a profundidade do meu sonho infantil.

— E ser atriz, como as pessoas da televisão?

— Por que você quer ser atriz? — ela perguntou, curiosa.

— Porque a senhora sempre fala quanto as atrizes da novela são boas. A mãe tá sempre dizendo: "Ela é muito boa" — falei com voz de imitação, deitando a cabeça no travesseiro.

— Se estudar bastante, você pode, filha — respondeu ela, arrumando o cobertor nos meus pés, porque eu só conseguia dormir depois que eles estivessem quentinhos. O conforto do cobertor era como um abraço acolhedor, e eu sentia que, com o apoio dela, meu sonho poderia, sim, se tornar realidade.

— Mas eu não sou inteligente, mãe — respondi, sentindo a vontade de chorar.

— Para de falar besteira, Gue. Você é inteligente, sim! E não deixe ninguém dizer o contrário. A mãe, por exemplo, não teve a mesma sorte, não teve educação, teve que trabalhar duro e não aprendeu nem a ler, nem a escrever. Mas você, filha, vai para a escola, vai ter um bom emprego. Agora vai dormir, porque amanhã você tem aula.

Naquela noite, enquanto fechava os olhos, sonhei com palcos iluminados, aplausos e a sensação de estar verdadeiramente viva, cercada por um público que aplaudia minha coragem e criatividade.

Anos depois...

Saindo de mais um palco, onde palestrava para mais de 3 mil pessoas sobre marketing de atenção e conexões reais, fui tomada por um insight poderoso: a crença de que os sonhos podem se tornar realidade, desde que você trace um objetivo e não permaneça na zona de conforto. Nesse momento, percebi que tinha chegado a hora de criar meu próprio evento.

Conversei com a Dani, minha parceira de confiança, e começamos a estruturar como isso poderia ser. Falei em voz alta sobre meus planos, como uma forma de fazer o universo ouvir minhas intenções.

— Sobre o que vai ser?

— Sobre pessoas!

— Por que você está fazendo isso?

— Estive em tantos palcos, palestrando para tantas pessoas, e mesmo assim sentia que faltava algo em cada lugar ao qual eu ia. Eu gostaria que elas sentissem tudo o que há dentro de mim. Quero que entendam que são protagonistas da própria história, assim como eu estou sendo da minha.

A ideia de criar um espaço onde as pessoas pudessem se conectar, compartilhar experiências e se empoderar me deixou animada. Fizemos algumas ligações e o projeto começou a ganhar forma rapidamente. A empolgação era palpável e cada conversa nos aproximava mais da realização do nosso sonho.

Certo dia, em um podcast, fui questionada:

— Sua história é incrível, seu método também. Já tem livro?

— Ainda não, está nos planos — respondi, um pouco desconfortável, mas também empolgada com a possibilidade.

O assunto do livro começou a surgir em outros podcasts e eventos.

— E aí, Gue? Quando sai o livro?

— Em breve, quem sabe — respondi, intrigada dessa vez, percebendo que a expectativa das pessoas estava se tornando uma motivação extra para mim.

Ao entrar no avião de volta para casa, refleti sobre tudo o que havia acontecido. Olhei para minha assistente, que é jornalista, e disse:

— Você me ajuda a escrever um livro?

— Claro! — ela respondeu, animada, e seu entusiasmo me contagiou ainda mais.

E assim, entre conversas e planejamentos, percebi que estava não apenas criando um evento, mas também um espaço para que outras pessoas se sentissem inspiradas a seguir seus próprios sonhos.

Descendo no aeroporto de Santos Dumont, prestes a entrar no carro de aplicativo para casa, olhei para ela e disse:

— O que acha de começar hoje?

Ela me olhou, surpresa, como se não pudesse acreditar no que acabara de ouvir, mas mesmo assim aceitou. Fui escrevendo no meu bloco de notas algumas ideias para o primeiro capítulo, enquanto a adrenalina pulsava em minhas veias. A emoção de dar o primeiro passo em um projeto tão significativo era indescritível.

Chegamos em casa, e percebi que tudo o que escrevi em menos de trinta minutos levou, na verdade, pelo menos três horas para encaixar. O resultado não estava capturando a originalidade da história. Frustrada, respirei fundo. Quando ela foi embora, por volta das 18h, zerei tudo e recomecei. A noite se estendeu, e só parei por volta das 2h, quando finalmente finalizei o primeiro capítulo, sentindo uma onda de satisfação e alívio.

Decidi que iria escrever sozinha, precisava provar a mim mesma que era inteligente.

Mandei mensagem para a minha irmã, que me relembrou que, quando nova, eu escrevi um romance para ela, e todos os dias ela ficava ansiosa pelo próximo capítulo. Como pude me esquecer disso?

No dia seguinte, na minha folga, escrevi mais dois capítulos. As palavras começaram a fluir e, em menos de quinze dias, o livro estava pronto. A sensação de ter criado algo do zero, que poderia impactar a vida de outras pessoas, era simplesmente incrível.

— Eu sou inteligente, mãe. Você pode me ouvir? Eu sei que sim. Eu te sinto! Eu sou inteligente, viu? Sabe como tudo começou, mãe? Decidi contar meu nome no meu próprio evento, criei meu próprio palco. E lá as pessoas podem ser quem quiserem, sonhar sonhos inimagináveis. Estou ajudando pessoas, mãe. E elas me amam! Elas dizem que suas vidas foram transformadas. Você acredita em tudo isso?

"Estou emocionada, sabe, mãe. Lembrei de todas as dificuldades que enfrentei, das noites sem dormir e das dúvidas que pareciam me assombrar. Mas percebi que cada passo valeu a pena. Mãe, eu não estou apenas contando a minha história. Estou dando voz àqueles que se sentem invisíveis. Estou mostrando que todos nós temos um propósito, que podemos ir além das nossas limitações. E isso me faz sentir viva!"

"Estou aqui olhando para o céu pela janela, onde as estrelas começavam a brilhar, e o pai disse que uma delas é você. E ele, está aí ao seu lado? Se sim, diga que eu consegui o perdoar ao escrever este livro e que vou procurar falar mais com ele, tá?"

Uma lágrima escorreu pelo meu rosto, não de tristeza, mas de gratidão. A jornada estava apenas começando e sei que, independentemente dos desafios que ainda estão por vir, eu terei a coragem para enfrentá-los.

— Eu só espero que você esteja orgulhosa de mim, mãe. Porque, no fundo, eu estou apenas seguindo o caminho que você me ensinou a trilhar: o caminho do amor e da transformação.

==E aqui, neste instante, sinto que tudo faz sentido. A história que eu havia começado a contar não era apenas minha, era de todos que tinham a coragem de sonhar e lutar por seus sonhos. E isso, para mim, era o verdadeiro significado de ser inteligente.==

Qual o nome desse evento?, ouvi a voz dela, cheia de curiosidade.

— Mãe, o evento e o livro levam o nome *Além da capa*.

Então, não era só puxar uma capa... Também podia ser uma mudança de vida.

Este livro foi impresso
pela gráfica Plena Print em
papel lux cream 70 g/m²
em dezembro de 2024.